ANDREAS KNAPP

Spirituelle Auszeit in der Wüste

W0180401

Der Autor

Andreas Knapp, geb. 1958, lebt im Orden der Kleinen
Brüder vom Evangelium in Leipzig und zählt zu den
bekanntesten spirituellen Lyrikern Deutschlands.
Knapp reist regelmäßig in die Wüste: Er durchquerte
bereits die Sahara, verbrachte 40 Tage als Einsiedler
in Algerien und fuhr mit dem Fahrrad durch die Wüste
von Syrien und Jordanien. Sein Wüstentagebuch
»Lebensspuren im Sand« wurde ein Bestseller.

ANDREAS KNAPP

Spirituelle Auszeit

in der Wüste

Impulse zum Auftanken

HERDER

FREIBURG · BASEL · WIEN

Inhalt

Ab in die Wüste!

»Zu einer Oasenfahrt würde ich mitkommen, aber zu einer Wüstentour?« So reagierte ein Freund, als ich ihm erzählte, dass ich mit dem bekannten Wüstenabenteurer Gisbert Greshake zu einer fünfwöchigen Sahara-Fahrt aufbrechen werde.

In der Tat, warum soll man sich das antun, warum abgestandenes, warmes Wasser trinken, wenn man doch anderswo eisgekühlte Getränke genießen könnte? Warum verstaubt und verschwitzt in verdreckter Kleidung umherlaufen, anstatt seine Ferien in einer gepflegten Wellness-Oase zu verbringen? Warum Hitze, Sandstürme und eintönige Landschaften aushalten, statt sich bei gemütlichen Wanderungen durch grüne Wälder und Wiesen zu erholen? Warum also in die karge Wüste ziehen, wenn man es sich doch in den Urlaubsparadiesen mit Pool und überreichem Buffet gemütlich machen könnte?

Ein bisschen hirnverbrannt muss man schon sein, um in ein Land der verbrannten Erde zu ziehen ...

Und dennoch: Die Wüste lockt! Seit ich als Student der Theologie eine Woche lang in der Sinai-Wüste unterwegs war, hat mich die Magie dieser Landschaft immer wieder verzaubert. Denn in der Wüste prallen die Gegensätze hart aufeinander: Hitze und Kälte, Unfruchtbarkeit und Leben, wasserlose Zonen und blühende Oasen. Viele Male war ich im Sinai, im Negev, in der Wüste Juda; ich habe die Sahara durchquert, 40 Tage als Einsiedler in Algerien und später in einer Halbwüste Spaniens gelebt, bin mit dem Fahrrad durch die Wüste von Syrien und Jordanien gestrampelt. Manches ist heute nicht möglich, weil Kriege und Unruhen das verbieten. Doch der Durst vieler Menschen nach Wüste ist ungebrochen groß und viele Reiseunternehmen bieten Wüstentouren an: zu Fuß, auf Reitkamelen oder mit dem Landcruiser. Reisen zu den großen Kulturdenkmälern Ägyptens werden mit Wüsten-Expeditionen verbunden. Und selbst in China werden Touristen in die große Wüste Taklamakan geführt.

Die Motive für Wüstenreisen sind vielfältig: Abenteuerlust, Interesse an fremden Kulturen, ein einfaches Leben fernab unserer überzivilisierten Welt, Sehnsucht nach Stille. Die Wüste wird beschrieben als »Ort, der dich bei dir selbst ankommen lässt«. In der Wüste kann man die Sinne wie Hören oder Schmecken feiner erleben. Hier kann sich jeder selbst neu erfahren. Es geht darum, die Komfortzone zu verlassen, um sich selbst intensiver zu spüren. Und immer wieder: der Hunger nach spirituellen Erfahrungen.

Der vorliegende Reisebegleiter will dazu anregen, vor allem die spirituellen Dimensionen der Wüste besser wahrzunehmen. Den hier vorgeschlagenen Themen müssen Sie sich nicht unbedingt in der angegebenen Reihenfolge zuwenden. Wählen Sie je nach Länge und Gestaltung der Wüstenreise und entsprechend Ihren persönlichen Fragen jeweils ein Tagesthema. Und wenn Sie nicht in die »wirkliche Wüste« reisen können, so halten auch Gebirgstouren oder Pilgerwege manche Aspekte einer Wüstenfahrt bereit. Noch ein kleiner Tipp. Auch wenn Sie sonst nie Tagebuch schreiben: In der Wüste kann diese Übung helfen, sich selbst und Ihre Umgebung wacher und aufmerksamer wahrzunehmen. Und in der Nachlese kann man oft einen roten Faden entdecken, der etwas von der Richtung, vom Sinn des Lebens erahnen lässt.

Ich wünsche Ihnen, dass die hier angebotenen Impulse helfen, alle Sinne zu öffnen, um den Reichtum zu entdecken, den die Wüste für Sie bereit hält.

Ihr Andreas Knapp

Leipzig im April 2018

Aufbrechen

Lust auf Abenteuer

Meine erste Begegnung mit der Wüste war rein phantastisch: Als Jugendlicher ließ ich mich von Karl Mays »Durch die Wüste« zu Phantasiereisen in den Orient entführen. Diese Lektüre beflügelte meine Träume von Wildnis und Weite. Doch neugierig war ich im Prinzip von früher Kindheit an, denn von Anfang an ist der Mensch ein Neugier-Wesen: Schon das kleine Kind erkundet seine Umgebung. Es will sämtliche Schubladen und Türen öffnen, um zu erfahren, was sich in und hinter ihnen verbirgt. Der Drang, Neues zu erfahren und in fremde Lebensräume vorzudringen, ist tief in uns verankert.

Zugleich kennen wir das Bedürfnis, uns schön einzurichten und unser Leben abzupolstern. Wie mächtig dieses Bedürfnis nach Sicherheit in uns steckt, wird an den ungezählten Versicherungsgesellschaften deutlich, deren Angebote alle Lebensbereiche umfassen. Ähnlich wie die Banken errichten sie ihre imposanten Kathedralen, um das Sicherheitsbedürfnis der Menschen – kostenpflichtig – zu verwalten. Wer etwa auf Reisen geht, kann sich mit einem »Rundum-sorglos-Paket« gegen alle Eventualitäten abfedern.

Doch diese überversicherte Art, durchs Leben zu gleiten, wird irgendwann reizlos. Denn der Mensch sucht ja auch das Reizvolle, die Herausforderung, das Abenteuer. In einer Gesellschaft, in der jedes Risiko vermieden wird, kommen zugleich Risiko-Sportarten in Mode: Viele wollen ausbrechen und den Kitzel des Extremen verspüren.

Die Wüste lockt durch einen besonderen Reiz: Sie verblüfft uns Mitteleuropäer durch ihre Andersartigkeit. Als Gegenlandschaft zur vertrauten Heimatumgebung fordert die Wüste die Abenteuerlust heraus: Dort wartet das Fremde, Unbekannte, Gefährliche. Die Sehnsucht nach Urtümlichkeit und einfachem Leben bricht sich Bahn. Das Bedrohliche provoziert geradezu, die gesicherte und damit auch langweilige Umgebung zu verlassen und sich selbst neu auszuprobieren.

Daheim ist das vollklimatisierte Auto mit Navi selbstverständlich geworden. Nun bricht man auf in die Wüste und setzt sich dort freiwillig einem extremen Klima aus, Hitze und Kälte, Sandsturm und Trockenheit. Man hat die Kochsendungen im Fernsehen satt und ist der exklusiven Delikatessen überdrüssig. In der Wüste freut man sich über das einfache Essen, auf Wasser und Brot. Hier kann man auf dem Boden schlafen, abends am Feuer sitzen, sich an den Sternen orientieren. Und die Landschaft ist so merkwürdig bizarr, erschreckend leer, ungewohnt verformt: Sie nimmt uns gefangen, bannt uns durch ihren Zauber, legt aber auch einen leisen Schauder auf uns. Wenn wir nach Abenteuer dürsten, dann sind wir hier richtig.

Biblischer Impuls

Die Wüste ist eine biblische Urlandschaft. Viele der großen Erzählungen aus der Bibel spielen in der Wüste. So zum Beispiel die Geschichte von Mose, der mit seiner Herde immer weiter in die Steppe hinauszieht. Schließlich wird Mose in der Wüste Sinai auf eine ungewöhnliche Erscheinung aufmerksam:

Da erschien ihm der Engel des Herrn in einer Feuerflamme, mitten aus einem Dornbusch heraus. Als er hinsah, nahm er wahr, dass der Dornbusch wohl brannte, aber vom Feuer nicht verzehrt wurde. Da dachte Mose: Ich will doch hingehen und dieses seltsame Schauspiel betrachten, warum der Dornbusch nicht verbrennt. Als der Herr sah, dass er herantrat, um nachzusehen, rief Gott ihm aus dem Dornbusch zu: Mose, Mose! Dieser antwortete: Hier bin ich! Da sprach er: Tritt nicht näher heran! Zieh deine Schuhe von deinen Füßen, denn der Ort, auf dem du stehst, ist heiliger Boden!

(Ex 3,1–5)

Zum Wahrnehmen und Bewähren

Um in dieser neuen und so fremden Landschaft gut anzukommen, empfehle ich eine kleine Übung für die Sinne: Ich nehme mir etwa eine Stunde Zeit für einen Wahrnehmungsspaziergang. Dabei ist es wichtig, sehr langsam und aufmerksam zu gehen. Denn wer schnell geht, geht an vielem vorbei.

Daher versuche ich, zunächst einmal sehr bewusst zu schauen. Ich kann öfter stehen bleiben, um etwas näher zu betrachten: eine Spur, einen Stein, einen Grashalm.

Dann stelle ich mich an einen Platz, von dem aus ich eine gute Übersicht habe, und schaue in die Landschaft hinaus. Dabei konzentriere ich mich auf einen bestimmten Ausschnitt und lasse auf mich wirken, was ich sehe: Formen, Farben, Strukturen ...

Ich ziehe die Schuhe aus und mache mir bewusst, dass ich auf »heiligem Boden« stehe. Denn an jedem Ort dieser Erde können wir Göttliches erfahren, wenn wir achtsam sind.

Ich schließe die Augen. Einige Minuten lang versuche ich, ganz bewusst zu hören: den Wind, Geräusche aus der Ferne, die Stille ...

Nun wende ich mich den Dingen meiner Umgebung zu, um sie zu ertasten: Wie fühlt sich ein bestimmter Stein an, der Sand, ein Grashalm? ... Danach gehe ich barfuß ein paar Schritte weiter und spüre den Kitzel des feinen Sandes.

Ich kann auch meinen Geruchssinn betätigen: Wie

riecht die Wüste - die Erde, der Sand, eine Pflanze?

Vielleicht finde ich schließlich noch etwas, das ich schmecken kann, zum Beispiel eine Dattel oder einen Schluck Wasser aus meiner Trinkflasche.

Mit einer Geste der Ehrfurcht, etwa einer Verneigung, schließe ich diese Übung ab. Ich gehe langsam und gesammelt wieder zurück.

Denkanstöße

Wer in die Wüste geht und wiederkehrt, ist nicht mehr derselbe.
Arabisches Sprichwort

Die Leidenschaft, die der Nomade für seine Wüste empfindet, ist, so glaube ich, auch der Schimmer des Göttlichen im Menschen. Die Wüste ist wie ein Spiegel; jeder kann sie in der Tiefe seines Wesens tragen.
Mohamed Aoutchiki, Touareg

Die Wüste ist heilig, weil sie ein vergessener Ort ist, der es uns erlaubt, uns wieder an das Heilige zu erinnern. Vielleicht ist deshalb auch jede Pilgerreise in die Wüste eine Pilgerfahrt zu sich selbst. Es gibt keinen Platz, um sich zu verstecken, – und so werden wir gefunden.
Nach Terry Tempest Williams

beduine

was bedeuten dir grenzen
dein ist die erde
so weit wie der himmel

die sesshaften
aus ackerlehm geformt
du aber windhauchgezeugt

fußunter kein fester grund
nur der bewegliche sand
ihr wandert gemeinsam

vom sturm getrieben
der von nirgends her weht
und überall hin

Ein Hauch von Freiheit

Wer in die Wüste zieht, geht ins Freie. Er oder sie schläft nicht mehr in geschlossenen Räumen, sondern unter freiem Himmel im 1000-Sterne-Hotel. Natürlich braucht der durchschnittliche Mitteleuropäer – schon rein aus klimatischen Gründen – ein festes Dach über dem Kopf. Und um sich vor ungebetenen Gästen zu schützen, muss man sich einschließen. Bewegungsmelder und Alarmanlagen errichten elektronische Barrikaden. Doch wer die Tür hinter sich verschließt, setzt sich selbst gefangen.

Auch die Arbeitswelt wird oft als Diktat erlebt: Am Arbeitsplatz muss man funktionieren. Leistungen werden kontrolliert und evaluiert. Der Terminkalender unterwirft uns einem immer schneller werdenden Takt. Haben wir noch echte Frei-Zeit? Und wirkliche Frei-Räume?

In der Wüste herrscht ein anderes Zeitmaß, ein entgrenztes Raumgefühl. Wir müssen nicht auf unsere Außenwirkung achten, auf die Arbeitsvorschriften, nicht einmal mehr auf die Verkehrsregeln, weil diese in der Wüste ihren Sinn verlieren.Die Abläufe unseres normalen Lebens sind oft bis ins Detail festgelegt. Überall sind Grenzen gesetzt, bis hin zum Gartenzaun, der uns vom Nachbarn trennt. In der unermesslichen Weite der Landschaft verändern sich die gewohnten Maßstäbe. Wer eine (fast) unberührte Landschaft betritt, verlässt die eng gestrickten Muster der menschlichen Gesellschaft, in der das Räderwerk von Arbeit und Konsum uns ständig am Laufen hält. In der Wüste sind wir frei von beruflichen und sozialen Verpflichtungen und stehen nicht unter dem Erwartungsdruck der Gesellschaft. Hier gibt es keine Zäune und Begrenzungen: Das Land liegt offen vor uns, weit und frei. Wir müssen keinen Wegweisern und Fahrspuren folgen, auch wenn dies manchmal zu empfehlen ist. Prinzipiell aber steht das Land in allen Richtungen grenzenlos offen, und wir können entscheiden, wohin wir gehen oder fahren wollen.

Aber wohin will ich? Karl Valentin hielt Passanten auf der Straße an und fragte sie: »Können Sie mir bitte sagen, wo ich hinwill?« Ja, was will ich eigentlich? Wir sehnen uns danach, uns von den äußeren Zwängen und Erwartungen zu befreien. Aber wenn ich dann ganz auf mich gestellt bin, ist es oft gar nicht so einfach zu spüren, was ich selber will. Viel zu lang und viel zu mächtig sind wir verfangen im Erwartungsnetz der anderen. Wir haben gelernt, intuitiv zu spüren, was andere von uns wollen und wie sie wollen, dass wir sind. Wir haben uns angepasst an ihre Wünsche, eingepasst in die Rahmenbedingungen unserer Arbeit. Und haben uns dabei manchmal sogar selber verpasst.

Die Zeit in der Wüste kann die ursprüngliche Freiheit wieder wachrufen, in der sich meine Originalität, meine Einzigartigkeit zum Ausdruck bringt. Ich lasse die fremdgesteuerte Betriebsamkeit, den verplanten Alltag hinter mir. Ich werde nicht mehr gelebt, sondern spüre meine inneren Quellen: Ich lebe!

Biblischer Impuls

In der Freiheit der Wüste erhält Mose von Gott den Auftrag, das Volk Israel aus der Sklaverei Ägyptens herauszuführen. Biblisch gilt die Wüste daher als Ort der Befreiung und der Erneuerung.

Der Herr sprach: Ich habe das Elend meines Volkes, das in Ägypten ist, wohl gesehen und sein Schreien über ihre Peiniger gehört. Ja, ich kenne seine Leiden. Darum bin ich herabgestiegen, um es aus der Gewalt der Ägypter zu befreien und aus diesem Land herauszuführen in ein schönes und weites Land, in ein Land, das von Milch und Honig fließt ...

Da sprach Mose zu Gott: Wenn ich zu den Israeliten komme und ihnen sage: Der Gott eurer Väter hat mich zu euch gesandt, und sie mich dann fragen: Wie lautet sein Name?, was soll ich ihnen antworten? Da sprach Gott zu Mose: Ich bin der Ich-bin!

(Ex 3,7–8a; 13f)

Darauf gingen Mose und Aaron zum Pharao und sagten: So spricht der Herr, der Gott Israels: Gib mein Volk frei, dass es mir in der Wüste ein Fest feiert!

(Ex 5,1)

Zum Wahrnehmen und Bewähren

Ich achte auf meinen Atem: Geht er schnell und gehetzt? Ich atme ruhig durch. Und mit dem Ausatmen versuche ich, Gedanken und Sorgen loszulassen, sie sozusagen »wegzuatmen«. Die Wüste bietet mir Freiraum: Hier will niemand etwas von mir. Und auch ich selbst brauche mich nicht mehr unter Druck zu setzen. Vielleicht höre ich sogar mein eigenes Aufatmen.

Noch ein kleiner Tipp: Ich schalte für die Dauer meines Wüstenaufenthaltes das Handy aus. Vielleicht kann ich ja meiner Familie oder einem Freund daheim die Nummer des Reiseleiters durchgeben. So bin ich im Notfall erreichbar. Und dann kann ich meine wiedergefundene Unabhängigkeit genießen: Ich werde nicht mehr von außen gesteuert! Ich spüre einen Hauch von Freiheit.

Denkanstöße

Der Name »Beduine« geht auf eine Wortwurzel zurück, die den freien Raum bezeichnet und den Nomaden somit als den »Freien« schlechthin charakterisiert. In einem altarabischen Gedicht heißt es: »Glücklicher Bewohner der Wüste, bleibe, wo du bist: das Zelt beherbergt das Glück und die wahre Freiheit.«

Gisbert Greshake

Wer in der Wüste wandert und die Weite erlebt, der fühlt sich frei. Weite hat immer mit Freiheit zu tun. Die Wüste scheint endlos zu gehen. Wer sich solcher Weite aussetzt, dessen Herz weitet sich, und er fühlt eine unendliche Freiheit in sich. Diese Freiheit wird für ihn zu einer tiefen Gotteserfahrung. Damit erfährt er etwas Wesentliches von Gott: Denn Gott ist die Freiheit. Und wer Gott wirklich begegnet, der wird frei von allem, was ihn sonst beherrscht.

Anselm Grün

Die wahre Freiheit hast du nur, wenn du in der Wüste lebst, wenn du nicht zu lange an einem Ort bleibst und wenn du all die Dinge, die du besitzt, auf dein Kamel laden kannst, wann immer du willst.

Ein Beduine

Die Wüste ist Ort der Entscheidung zwischen Gott und Götze, Freiheit oder Regression, Lauterkeit oder Naschen, Manna oder Fleischtöpfen, zwischen der unendlichen Leere der Sehnsucht oder den Schmeicheleien des Augenblicks, zwischen dem Heiligen Geist oder Dämonen, zwischen Realität oder Träumereien.

Manfred Scheuer

lob des exodus

du bist ägypten
der innere pharao
im thronsessel des überich
lässt pyramiden bauen
in diesen haust jedoch
die mumie tod

einen antreiber erschlagen
und im sand verscharren
nimmt dich noch mehr gefangen
deine geschichte verfolgt dich
bis in die blutrote flut
der alpträume

du musst den ausbruch wagen
auszug aus dir selbst heraus
diese nacht wird anders
als alle andern nächte
wenn du dich änderst
wirst du gelobtes land

Die Weisheit der Wüsten-
mütter und Wüstenväter

Die Anfänge des christlichen Mönchtums liegen in der Wüste: Zur Zeit der frühen Kirche zogen Frauen und Männer nach Jesu Vorbild in die Wüste, um in der Stille und Abgeschiedenheit Gott zu suchen. Als Prototyp der Wüstenväter gilt Antonius von Ägypten (ca. 251-356). Der Überlieferung nach ließ sich dieser wohlhabende Mann von der Einladung Jesu, alles zu verlassen, so sehr erschüttern, dass er seinen gesamten Besitz verschenkte und in die Wüste zog. Dort forderte ihn die Leere der Landschaft dazu heraus, sich selbst von allem zu entleeren, was die Beziehung zu Gott verhindert. Nach seinem Beispiel und Vorbild verließen ungezählte Frauen und Männer die Sicherheit der Zivilisation, um sich der Kargheit und Herausforderung der Wüste zu stellen. Die Wüstenmütter und -väter suchten die Askese als Training, um ein möglichst bedürfnisloses Leben einzuüben. In einer Zeit, in der die Kirche vom römischen Staat offiziell anerkannt worden war und das Leben in den Großstädten immer luxuriöser wurde, verließen sie die Städte, um aus der etablierten und abgesicherten Form des christlichen Lebens auszubrechen: Zurück zu den Ursprüngen, zur Einfachheit und zur Bewährung durch Anstrengung.

Die Einsiedlerinnen und Einsiedler stellten sich ihrer inneren Zerrissenheit und Widersprüchlichkeit, um sich ganz Gott zu überlassen und so den Frieden zu finden. Die Wüste war der Ort, um gegen die Dämonen zu kämpfen: In der Wildheit der Wüste tauchen auch die ungezähmten Leidenschaften und Begierden auf. Die Gedanken und Gefühle wildern umher. Eine wichtige Regel lautete, nicht vor sich selbst davonzulaufen, sondern in der Mönchszelle (*Kellion;* eine Höhle oder einfache Hütte) zu bleiben. Handarbeit und Gebet gaben den Mönchen einen Rahmen. Es gab Mönche (*monos* = allein), die ganz allein lebten, andere organisierten sich in einem lockeren Verband.

Eine wesentliche Frucht dieser Lebensform war die tiefe Einsicht, dass wir Menschen uns immer vergleichen und uns über andere stellen wollen. Dagegen setzten die Eremiten der Wüste die Grundregel, nicht über andere zu richten. Um dies zu erreichen, muss man alle Stimmen in sich zum Schweigen bringen. Daher sagte die Wüstenmutter Theodora: »Liebe das Schweigen mehr als das Gespräch, denn das Schweigen ist die Schatzkammer der Mönche, das Gespräch hingegen vergeudet diesen Reichtum.«

Das Herzstück des Lebens als Einsiedlerinnen und Einsiedler war das unablässige Gebet. In der Wüste gibt es nur wenig Ablenkungen. Sie stellt somit einen Raum dar, in dem der Mensch sich darauf konzentrieren kann, immer mehr in der Gegenwart Gottes zu leben. Das Schweigen ist dafür eine wichtige Voraussetzung, denn es hilft, auf das Wort Gottes zu hören. Ein schlichtes Gebetswort, etwa das

Wiederholen des Namens Jesu, richtet die Aufmerksamkeit auf die Beziehung zu Gott.

So kann sich die *hesychia* einstellen, die Herzensruhe: Der Mensch wird frei von den inneren Zwängen, von Sorgen und Ärger. Gier und Bedürfnisse reißen ihn nicht mehr hin und her. Der Mensch kommt mit seiner tiefsten Sehnsucht in Berührung: mit seinem Hunger nach Gott, nach Frieden und Glück ohne Ende. Wenn der Mensch das Echteste und Tiefste in sich spürt, findet er zugleich zur wahren Freude.

Biblischer Impuls

Im Evangelium wird davon erzählt, dass Jesus seine Jünger nach einer Zeit großer Aktivität in die Stille und Einsamkeit einlädt:

Die Apostel kamen wieder bei Jesus zusammen und berichteten ihm alles, sie getan und was sie gelehrt hatten. Da sagte er zu ihnen: Kommt mit, ihr allein, an einen einsamen Ort und ruht ein wenig aus. Denn es waren viele, die da kamen und gingen, dass sie nicht einmal Zeit zum Essen hatten. So fuhren sie mit einem Boot an einen einsamen Ort, um allein zu sein.

(Mk 6,30–32)

Zum Wahrnehmen und Bewähren

Wir sind gewohnt, uns immer mit anderen zu vergleichen. Und wir haben bei jeder Begegnung blitzschnelle Urteile im Kopf. Unsere frühen Vorfahren mussten sich bei einer Begegnung mit einem Fremden sehr schnell ein Bild machen: Freund oder Feind? Doch diese Bilder, die wir im Kopf tragen, blockieren uns oft. Denn wir beurteilen andere, ohne sie tiefer zu kennen.

In der Stille der Wüste kann das Alleinsein helfen, von diesen Mechanismen Abstand zu gewinnen. So kann ich bei einem Spaziergang, den ich für mich allein mache, versuchen, das Bild, das ich mir beispielsweise von einem anderen Teilnehmer an der Tour gemacht habe, aufzurufen – und dann bewusst zu verabschieden: Ich will bei der nächsten Begegnung möglichst unbefangen sein. Und aus der Stille heraus gut hinhören, was die andere Person mir sagen will. Dann kann sich das Bild, das wir in uns tragen, verändern und der anderen Person gerechter werden.

Denkanstöße

Der Mönchsvater Poimen bat den Altvater Joseph: »Sage mir, wie ich Mönch werde.« Er antwortete: »Wenn du Ruhe finden willst, hier und dort, dann sprich bei jeder Handlung: Ich – wer bin ich? Und richte niemand.«

Anselm Grün

Wie die Delphine im Meer, wenn es still wird, miteinander spielen, genau so erfreut sich der Schweiger in der Stille seines Herzens mit seinem Herrn.

Weisheitsspruch einer Wüstenmutter

Einige von den Brüdern kamen zum Mönchsvater Poimen und sagten zu ihm: »Wenn wir beim Gottesdienst Brüder einnicken sehen, sollen wir ihnen einen Stoß geben, damit sie beim Nachtgebet wachen?« Der Mönchsvater Poimen erwiderte: »Wenn ich einen Bruder einnicken sehe, dann lege ich seinen Kopf auf meine Knie und lasse ihn ruhen.«

»Immer wenn wir die Ruhe unseres Herzens gefunden haben, gehen wir ein in die heilige Ruhe Gottes. In dieser Ruhe hören unsere Selbstvorwürfe auf. Wir sagen gemeinsam mit Gott, dass alles gut ist, was er an uns und in uns gewirkt hat. Ruhe hat mit Zustimmung zu tun, Zustimmung zu Gott, Zustimmung zur Schöpfung, Zustimmung zum Sein.«

Nach Anselm Grün

der Eremit

alle Wege führen
in die Wüste
dort verweht der Wind
das Äußere
nackt stehst du vor dir selber
fröstelnd in der zugigen Hütte
deines Herzens

bewohne deine innere Einöde
werde heimisch in allen Verwerfungen
deiner Seelenlandschaft
bleibe bei dir
über die Angstschwelle hinaus
lasse dich nieder
unter des Gebetes Obdach

jetzt bist du nur noch du
finde das Wort für deinen Hunger wieder
der dich menschlich macht
folge aus dem Allerlei
dem Weg in das eine

nicht mehr fremdbewohnt
sondern zu dir selbst bekehrt
heimgefunden ins Daheimnis

und wenn du wieder auswanderst
in des lauten Lebens Lärm
bleibe innen eingesiedelt
in IHM

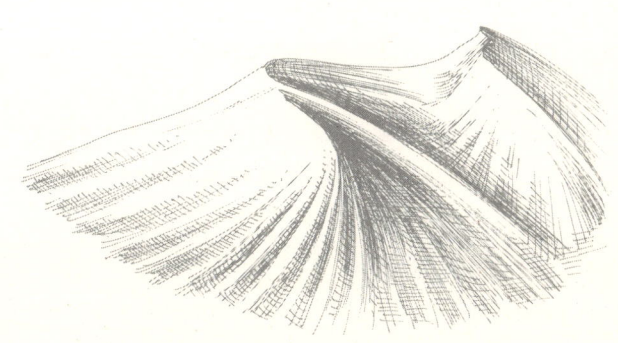

Staunen

Faszination der Gestirne

Unsere moderne Welt hat das ursprüngliche Spiel des Lichtes weitgehend verdrängt: Künstliche Beleuchtung macht die Nacht zum Tag und Schichtarbeit zwingt viele Menschen zu einer nachtaktiven Beschäftigung. Fernab der Zivilisation leuchten dagegen keine Straßenlaternen. Abends sitzt man am Feuer und morgens wird man von der Sonne geweckt.

Ein besonderes Erlebnis ist es, vor Tagesanbruch aufzustehen, um noch im vollen Schein von Mond- und Sternenlicht dem neuen Tag entgegenzugehen. Auch in einer mondlosen Nacht scheint das Licht der Sterne so hell, dass man gut wandern kann. Und wenn der Mond sein silberhelles Licht über die Dünen fließen lässt, so liegt ein unbeschreiblicher Zauber über der aus Sand modellierten Traumlandschaft.

Meist laufe ich bei meinen Spaziergängen am frühen Morgen geradewegs nach Osten. Über mir verabschieden sich die Sterne, die kleinsten zuerst. Der Morgen graut hier nicht, er blaut. Bald ist der ganze Himmel in Blau getaucht und der Osten wird immer heller, färbt sich rosa, fängt an zu brennen, in feurigem Rot. Schlieren leuchten in rosa Streifen. Sie brechen die Strahlen der noch nicht aufgegangenen Sonne und streuen das Licht in vielen Variationen. An einer Stelle leuchtet es besonders intensiv. Stärker und stärker wird das Flimmern und Flirren. Dann plötzlich der erste Lichtstrahl, der aufblitzt: ein gleißender Punkt, der schnell wächst, ein Streifen, der Abschnitt eines Kreisbogens, in leuchtendem Gold. Das Licht wird so stark, dass meine Augen nicht mehr direkt hineinschauen können. Schnell steigt die Sonne höher, und bald ist die ganze glühende Kugel zu sehen. Ein überwältigendes Schauspiel.

Solange die Sonne noch niedrig steht, werfen die Dünen lange Schatten und ihre Kontraste geben der Landschaft ein plastisches Aussehen. Wenn die Sonne jedoch hoch gestiegen ist und die Schatten schwinden, verschwimmen die Dünen in der Ferne zu grau gewellten Linien.

Ich orientiere mich am Schatten meines Körpers wie am Zeiger einer Sonnenuhr, und wenn mein Körperschatten verschwunden ist, wird es Zeit für eine Mittagspause und eine Siesta. Vielleicht finde ich einen Busch oder einen überhängenden Felsen, der wenigstens meinen Kopf vor der Sonnenglut schützt.

Wenn der Abend naht und ich zu meinem Schlafplatz zurückgehe, ziehe ich einen langen Schatten hinter mir her. Und wieder bin ich von den Farben des Himmels fasziniert: ein leuchtendes Rot, das sich allmählich in Gelb verwandelt und schließlich in ein tiefes Blau übergeht. Stufenlos. Je dunkler es wird, umso mehr Sterne zeigen sich. Es ist, als ob sie sich dort oben ständig vermehrten. Ich suche nach den Sternbildern und freue mich, in diesem Lichtermeer ein wenig heimisch zu werden. Vertrautheit wächst, wenn wir etwas kennen und benennen können. Der Sternenhimmel überwölbt mich heute Nacht wie ein Zelt, in dem ich daheim bin. Ein tiefes Gefühl von Heimat und Frieden steigt in mir auf. Irgendwann muss ich mich in meinen Schlafsack verkriechen. Denn morgen wird mich die Sonne wieder wachkitzeln.

Biblischer Impuls

Für die Bibel sind Sonne, Mond und Sterne keine Götter, wie sie es beispielsweise für die alten Ägypter oder die Azteken waren. Sie sind Lampen und Leuchten, die Gott geschaffen hat. Im Staunen über die Schöpfung, etwa über die Gestirne, kann der Mensch den Schöpfer erahnen und seine Größe preisen.

Wem also wollt ihr mich vergleichen, dass ich ihm gleiche?, spricht der Heilige. Erhebt zur Höhe euere Augen und seht: Wer hat diese Sterne geschaffen? Er, der ihr Heer herausführt, wohlgezählt, und sie alle mit Namen ruft. Dem Allgewaltigen und Mächtigen fehlt auch nicht einer.

(Jes 40,25f)

Der Allwissende ... der das Licht entsendet und es eilt da-
hin; er ruft es und es gehorcht ihm zitternd. Die Sterne
strahlen jubelnd auf an ihren Posten. Ruft er sie, spre-
chen sie: Hier sind wir! Sie leuchten mit Freude ihrem
Schöpfer. Das ist unser Gott; kein anderer gilt neben ihm.
(Bar 3,32–26)

Zum Wahrnehmen und Bewähren

Selbst für den großen Philosophen der Aufklärung Im-
manuel Kant wird der »gestirnte Himmel über uns« ein
Anlass zum Staunen. Mein Vorschlag: Ich lege mich auf
eine Dünenspitze, um in das tausendfach erleuchtete Universum hinauszuschauen. Immer wieder blitzen Stern-
schnuppen auf: eine Leuchtspur über den Himmel gezo-
gen, ein Verglimmen. Gebannt schaue ich in den Kosmos
hinaus. Ich kann mir bewusst machen, dass ich in einem
unermesslichen Universum auf einem winzigen Planeten
liege und durch das Weltall reise. Die Größe des Weltalls
kann eine Ahnung aufkommen lassen von der Größe und
Unbegreiflichkeit des Göttlichen.

Denkanstöße

Charles de Foucauld (1858–1916) war nach dem frühen Tod seiner Eltern in einem religiös gleichgültigen Milieu aufgewachsen. Er wählte die militärische Laufbahn und entwickelte sich zugleich zu einem Lebemann, der sich in vielerlei Vergnügungen stürzte. All dies füllte ihn jedoch nicht wirklich aus, sodass er oft eine innere Leere verspürte. Ein Militäreinsatz in der algerischen Wüste, die damals zum französischen Kolonialreich gehörte, veränderte sein Leben. Charles fand zum Glauben an Gott und wurde Mönch, zuerst in Frankreich, dann in Syrien und Palästina. Später zog es ihn wieder in die Sahara zurück, wo er viele Jahre als Mönch und Einsiedler lebte.

Der Mond, der an einem wolkenlosen Himmel scheint, wirft ein mildes Licht: Die Luft ist lau, kein Windchen regt sich. In dieser tiefen Ruhe, inmitten einer solchen märchenhaften Natur, erwarte ich mein erstes Nachtquartier in der Sahara. In der Andacht solcher Nächte versteht man den Glauben der Araber an eine geheimnisvolle Nacht, leila el qedr, in der sich der Himmel öffnet, die Engel zur Erde herabsteigen, die Wasser des Meeres sich glätten und alles Unbelebte der Natur sich erhebt, um den Schöpfer anzubeten.

Charles de Foucauld

nächtlicher bote

die sichelbarke
aus silbernem mondlicht
trägt meinen traum
über das meer aus blauer nacht
in deine weit off'nen augen

nach zielloser irrfahrt
lichtjahrelang
findet mein sternbild
in deinen pupillen
sein schönstes geschick

mit der letzten sternschnuppe
verglüht alles begehren
dass deine hand jedoch
immer noch in meiner ist
wunschloses glück

Fremdartig schön

Wir erleben etwas als besonders schön, wenn darin Vertrautes und Fremdes zugleich aufscheint. Hierin liegt auch der Zauber der Wüste: Wir kennen Landschaftsformen wie Ebenen, Hügel und Gebirge. Als Kinder haben wir mit Steinen und Sand gespielt. In der Wüste faszinieren uns die fremdartigen Stein- und Sandformationen und die unermesslichen Dimensionen ihrer Darbietung: Felsen, von Hitze und Frost und dem ewigen Wind zu bizarren Gestalten modelliert; Felder mit Steinen besät, so weit das Auge reicht.

Jede Düne ist ein Kunstwerk, von Wind und Sand nach unsichtbaren Gesetzen geformt. Ihre Konturen treten vor allem im ersten Sonnenlicht deutlich hervor. Mich fasziniert das Design der Muster, die der Wind in den Sand eingewoben hat: Wellen und Kringel, gezackte Felder, wie ein Puzzle ineinander gefügt, Rippen und Streifen. Wie fein gewobene Orientteppiche breiten sich die Dünen unter meinen Füßen aus.

Das Fremdartige dieser Landschaft und vor allem ihre unvorstellbare Ausdehnung kann uns freilich auch mit Angst erfüllen. Denn wir können uns verirren oder mit zu wenig Wasser auf der Strecke bleiben. Zu diesem Schauder gesellt sich das Hinreißende: Die Wüste ist schrecklich schön!

Eine besondere Entdeckung in der Wüste war für mich die Schönheit des Lichtes: Morgens ziehe ich los, im Sternenschimmer oder die Landschaft in Mondlicht getaucht. Je voller und runder der Mond sich zeigt, umso mehr enthüllt sich sein Gesicht: Die Strukturen seiner Oberfläche, Krater und Gebirge sind hier in der Wüste deutlich erkennbar. Der silberhelle Mond macht die Nacht fast zum Tag. Auf einem Hügel oder eine Düne erwarte ich den neuen Morgen. Durch den hellen Mond bedingt sind weniger Sterne sichtbar, doch Venus strahlt am östlichen Himmel, der langsam Farbe annimmt. Bald steht das Firmament in Flammen, als hätten die weißen Wattewölkchen Feuer gefangen.

Mit dem Licht des Himmels kehren auch die Farben der Erde zurück. Alles, was in der Dunkelheit noch fahl und grau war, beginnt zu leuchten. Die Dünen in der Ferne schimmern rot, rosa, dann gelb. Mit den ersten Sonnenstrahlen beginnen sogar die schwarzen Steine zu glänzen. Auf der Spitze einer Düne wende ich mich der Sonne zu, sehe mit geschlossenen Augen ein rötliches Leuchten, spüre die Wärme auf meiner Haut und glühe vor Glück. Ich fühle mich vom Licht getragen, umhüllt, durchstrahlt, erleuchtet. Ich bin auf einer Wellenlänge mit dem Licht, werde für einen Augenblick selber zu Licht.

Biblischer Impuls

*Der Himmelshöhe Stolz ist das Firmament in seiner Klar-
heit, und die Himmel selbst tun seine Herrlichkeit kund.
Die Sonne, die aufstrahlt, ruft bei ihrem Aufgang: Was für
ein Wunder ist das Werk des Höchsten! Steht sie im Ze-
nit, so lässt sie die Welt verdorren, wer kann es aushalten in ihrer Hitze? Ein entfachter Ofen bringt Glut hervor,
dreimal mehr brennt die Sonne die Berge. Glut sendet sie
aus, und durch ihr Feuer erblindet das Auge. Groß ist der
Herr, ihr Schöpfer, sein Wort lenkt ihren schnellen Lauf.*

*Der Mond, in allem zur rechten Zeit, bezeichnet die
Monate und teilt die Zeit ein. Der Mond bestimmt die Feste, dieses Gestirn, das abnimmt, wenn es voll geworden
ist. Der Neumond ist so, wie sein Name sagt: wunderbar
erneuert er sich nach seinem Wechsel. Er lehrt das Heer
in der Höhe, das am Firmament des Himmels leuchtet.*

*Die Schönheit des Himmels ist die Pracht der Sterne,
sie schmücken mit ihrem Schein die Höhen des Herrn.
Durch das Wort des Heiligen hat die Ordnung Bestand,
und sie ermatten nicht auf ihrer Nachtwache.*

(Jes Sir 43,1–10)

Zum Wahrnehmen und Bewähren

In der Routine des Alltags sind wir oft dem Diktat der Uhr unterworfen. Strikte Terminkalender und Fahrpläne jagen uns durch Zeit und Raum. Die Wüste bietet uns ein anderes Zeitmaß: Statt dem Zeiger der Uhr bestimmt der Lauf der Sonne den Lebensrhythmus. Wenn ich einige Tage lang auf die Sonne und die Effekte von Licht und Schatten achte, bekomme ich ein Gefühl für die Tagesmitte (Mittag) und für den nahenden Abend.

Wer im Rhythmus des Tageslichtes lebt und sich nicht so spät schlafen legt, kann auch vor Tagesanbruch wieder aufstehen. Das Farbenspiel des anbrechenden Morgens leuchtet besonders eindrucksvoll und die Wüste zeigt sich im ersten Licht des Tages in ihrer vollen Schönheit. Auch die Stunde vor Sonnenuntergang lässt die Farben noch einmal intensiv leuchten, und durch die tiefen Schatten treten die Konturen der Landschaft eindrucksvoll hervor.

Denkanstöße

Wunderbar sind hier die Sonnenuntergänge, die Aben-
de und die Nächte. Die Abende sind so ruhig, die Nächte
so heiter, der weite Himmel und der unermessliche, von
den Sternen halb erleuchtete Horizont so friedlich. Still
besingen sie in eindringlicher Weise das Ewige, das Un-
endliche, so dass man gern die ganzen Nächte mit dem
Schauen verbringen möchte ...

Charles de Foucauld, in Beni Abbes, einer algerischen Wüstenstadt

Die Aussicht ist herrlich ... Die nähere Umgebung besteht
aus einem Wirrwarr von seltsamen Spitzen, Felszacken,
phantastisch geformten Blöcken und Haufen. Es ist eine
großartige Einöde, die ich ungemein liebe.

Charles de Foucauld, auf dem Assekrem, dem höchsten Bergplateau Algeriens

Meine Einsiedelei liegt auf einem Gipfel, der fast den gan-
zen Hoggar überragt, inmitten rauer Berge, überwölbt von
unbegrenzter Weite: Ein Horizont, der auf die Unendlichkeit
Gottes hinweist. Jedesmal, wenn ich das Fenster oder die
Tür öffne, bewundere ich die Felsspitzen, die ringsum unter
mir liegen; eine wunderbare Aussicht und eine beglücken-
de Einsamkeit. Wie gut ist es, in dieser großen Stille und in
dieser schönen, so ungestümen und fremden Natur sein
Herz zum Schöpfer zu erheben und zu Jesus, dem Retter.

Charles de Foucauld, auf dem Assekrem

Windspiel

über Nacht hat der Wind
auf leisen Sohlen
die Dünen besucht
und strich ihnen zart über den Rücken

seine Spuren blieben
über den Morgen hinaus
hauchfeine Ornamente
Höchstmaß an Symmetrie

der wogenden Landschaft eingeprägt
das Wasserzeichen ferner Meere
sanfte Wellen in den Sandteppich gewoben
Linienführung gegen unendlich

der Wind der Wind
spielt wie ein Kind
mit Wasser und mit Sand
doch zu wessen Freude

Das Wunder des Lebens

Auf den ersten Blick erscheint der größte Teil der Wüste tot – eine Mondlandschaft, in der das Leben keinen Platz hat. Doch bei näherem Hinschauen können wir Spuren des Lebens entdecken. Zwischen den Dünen etwa gedeihen manchmal Sträucher. Die gebogene Form der Sicheldüne umgibt einen grünen Busch wie ein schützender Wall. Und weil die Dünen auch als Wasserspeicher dienen können, haben sich an ihrem Fuß ein paar Stauden angesiedelt. Mit aufmerksamem Blick kann man im Sand Spuren von Käfern oder Eidechsen erkennen. Und man lernt in diesem lebensbedrohlichen Umfeld die kleinsten Spuren von Leben zu schätzen: Zwischen Felsen wiegen sich Grashalme im leichten Morgenwind. Ich bücke mich und schaue diese zierlichen Pflänzchen an. Sie sind so schwach, ungeschützt, zerbrechlich – und leisten doch dem großen Tod der Wüste tapfer Widerstand.

Die Samenkörner der Saharapflanzen haben sich an das trockene Klima hervorragend angepasst: In der Samenschale befinden sich keimungshemmende Stoffe, die verhindern, dass ein nur kurzer Regen schon die Keimung auslöst. Das wäre ja auch fatal, denn die noch zarten Pflänzchen würden schnell vertrocknen. Erst ein lang anhaltender, oft sintflutartiger Regen wäscht diese keimungshemmenden Stoffe aus der Samenschale heraus. Jetzt hat das wachsende Pflänzchen eine echte Chance, denn der Boden oder der Sand sind mit so viel Wasser getränkt, dass ein neuer Reproduktionszyklus beginnen kann.

Wohin ich auch schaue: Überall in dieser toten Wüste finden sich Widerstandsnester des Lebens. Man entdeckt sie erst bei längerem Hinschauen. Aber sie sind da. Das Leben ist unermüdlich, erfinderisch, phantasievoll – einfach nicht tot zu kriegen.

Mir fallen auch die vielen Abwehrstrategien auf, mit denen sich das Leben hier verteidigt: Ein großer schwarzer Käfer schiebt sich gut gepanzert über den Trampelpfad. Die Sträucher zeigen ihre Dornen. In einer Biegung des Tales steht eine einzelne Akazie. Die Wurzeln dieser Bäume graben sich bis zu 35 Meter in die Tiefe. Wer in der Wüste bestehen will, muss tief verwurzelt sein. Die Äste sind mit langen Stacheln bewehrt. Ob ein Kamel die zarten Blättchen fressen will, wenn diese immer nur mit Dornen serviert werden?

Doch auch das Schöne ist besonders ausgeprägt: eine winzige Blume, deren Farben so strahlen, dass der seltene Schmetterling sie findet. Ähnliches gilt für Gerüche und Düfte, die einen schon von weitem anziehen und betören. In der lebensfeindlichen Wüste leuchtet das Wunder des Lebens in besonders kräftigen Farben.

Biblischer Impuls

Für die Propheten ist es Gottes Geist, der die Wüste wieder zum Blühen bringt. Dies ist auch ein Bild dafür, dass Gott sein Volk aus der Verbannung in die Heimat zurückführt, wo es wieder Wurzeln schlagen und neu aufblühen kann:

Wenn aber der Geist aus der Höhe über uns ausgegossen wird, dann wird die Wüste zum Garten und der Garten wird zu einem Wald. Dann weilt in der Wüste das Recht und im Gartenland wohnt die Gerechtigkeit. Die Gerechtigkeit schafft Frieden, die Frucht des Rechts ist ewige Sicherheit. Dann wird mein Volk auf friedlichen Auen wohnen, in sicheren Wohnstätten, in sorgloser Ruhe.
(Jes 32,15–18)

Die Elenden und die Armen suchen Wasser, aber es ist keines da; ihre Zunge ist vor Durst vertrocknet. Doch ich, der Herr, ich erhöre sie; ich, der Gott Israels, ich verlasse sie nicht. Auf kahlen Hügeln lasse ich Ströme hervorbrechen und Quellen mitten in den Tälern; die Wüste mache ich zum Teich und zu Quellen dürres Land. Ich lasse in der Wüste Zedern wachsen, Akazien, Myrten und Oliven; ich will Zypressen in der Steppe pflanzen, Ulmen und auch Fichten. Sie sollen sehen und erkennen, beachten und verstehen, dass die Hand des Herrn dies getan, dass der Heilige Israels es geschaffen hat. (Jes 41,17–20)

In der Todeslandschaft der Wüste ist jedes Zeichen des Lebens wie ein Wunder. Für den Propheten Hosea wird die Geburt des Volkes Israel in der Wüste zu einem solchen Wunder, das Gott gewirkt hat: »Wie Trauben in der Wüste, so fand ich Israel.«

(Hos 9,10a)

Zum Wahrnehmen und Bewähren

Auf den ersten Blick zeigt sich die Wüste als Landschaft des Todes. Doch bei näherem Hinsehen kann man auch Leben entdecken: oft winzig, unscheinbar, verborgen. Ich versuche, Spuren des Lebens zu entdecken:

* Gibt es Pflanzen? Wie sehen sie aus? Wie schützen sie sich gegen Austrocknung (durch eine Wachsschicht, mit der die Blätter überzogen sind)? Und wie gegen Fressfeinde (Dornen, Stacheln ...)?
* Finde ich Spuren von Tieren? Etwa von Käfern im Sand? Gibt es Fliegen oder Schmetterlinge?
* Höre ich das Pfeifen eines Vogels?

Ich kann darüber staunen, wie sich das Kamel an die Wüste angepasst hat: Es kann beispielsweise in der großen Sommerhitze bis zu 17 Tage ohne zu Trinken auskommen; und wenn es dann an eine Wasserstelle kommt, kann es in wenigen Minuten über 130 Liter Wasser aufnehmen!

Vielleicht entdecke ich bei meinem Spaziergang keinerlei Lebewesen. Dann kann ich auf mich selbst achten: Ich bin ein Lebewesen, mitten in der Wüste. Ich spüre meinen Körper, achte auf meinen Atem, höre beim Gehen auf die Geräusche, die meine Tritte verursachen: Mitten in der Wüste gibt es Leben – und das bin ich!

Denkanstöße

Die Wüste ist der Garten Allahs, aus dem er alles Überflüssige entfernt hat. Gott schuf sie sich, damit es einen Ort gäbe, darinnen er in Ruhe und Frieden wandeln könne.

Arabisches Sprichwort

Ein wahres Wunder der Natur offenbart sich nach den seltenen, aber heftigen Wolkenbrüchen. Dann beginnt die Wüste plötzlich zu leben. Kilometerweise Blütenteppiche bedecken das Sandmeer.

Gerhard Huber / Oskar Stocker

die wüste lebt

lange jahre schon schlummert
inmitten der dünen verloren
das verwehte samenkorn
winzig und steinhart
gleich den toten sandkörnern
die es milliardenfach umlagern

doch es hat untertag
seine andere herkunft
nie vergessen

und wenn eines fernen morgens
ein satter regen aus
allen wolken fällt
strebt es unbändig und
unaufhaltsam lichtwärts
und lässt die wüste
dem tod zum staunen
vielfarbig blühen

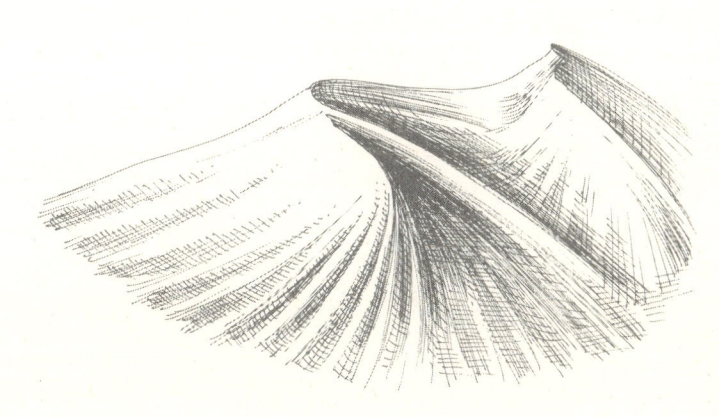

Sich
aussetzen

Dem Tod nahe

In der Wüste wagen wir uns in das Kernland des Todes. Im Kampf gegen das Leben hat der Tod hier sein Basislager errichtet. Von hier aus schickt er seine Vorboten in die Oasen und fruchtbaren Gebiete: Ausdörrende Hitzewellen und Sandstürme greifen aus der Luft an, während Wanderdünen als Bodentruppen Land gewinnen, indem sie es langsam, aber stetig mit Sand überhäufen. Unaufhaltsam marschiert der Tod weiter und drängt etwa in der Sahelzone den grünen Gürtel des Lebens immer weiter zurück.

Was bleibt, sind die stummen Zeugen seiner vernichtenden Übermacht: verdorrte Bäume, versteinerte Tiere und Pflanzen, Gerippe und Gräber, ein Autowrack – und schließlich Felszeichnungen, die an vergangene Zeitalter erinnern, in denen die Sahara von Leben wimmelte.

In der Wüste begegnen uns der Tod und die Vergänglichkeit des Lebens augenfällig und ungeschminkt: Wir sind vergänglich; wir schreiten und schlittern unaufhaltsam unserem Tod entgegen.

Bei meiner ersten großen Tour durch die Sahara hatte Gisbert Greshake darauf bestanden, dass ich mein Testament schreibe, weil die Fahrt große Risiken mit sich bringe. Es war mein erstes Testament. Ich erinnere mich sehr gut daran, wie das Aufsetzen meines »letzten Willens« mir unter die Haut ging: Ich musste mir ausmalen, was nach meinem Tod aus meinen Habseligkeiten werden soll und welche Botschaft ich meiner Familie und den Freunden hinterlassen will. Auch wenn die reale Bedrohung gering war, so spukten mir doch bisweilen Todesphantasien durch den Kopf: mich verlaufen, verdursten, Schlangenbiss, Skorpione, ein Unfall – und kein Rettungswagen in der Nähe.

Im Alltag unserer modernen Gesellschaft wird der Tod versteckt, als ob man ihm dadurch entrinnen könnte. Das Altwerden mit seiner Gebrechlichkeit wird aus der Mitte der Gesellschaft verbannt. Dort leuchten immer junge, dynamische und sportliche Schönheiten von den Werbeplakaten. Krankheit, Verfall der Kräfte, Vergesslichkeit und alle anderen Vorboten des Sterbens werden den Blicken entzogen und in Altersheime und Kliniken ausgelagert. Die anonyme Beerdigung boomt.

Zu anderen Zeiten übte man die Kunst des Sterbens – nicht als selbstbestimmten Tod, sondern als bewusste Übernahme dieser Wahrheit allen Lebens, die nach allen Regeln der Kunst gestaltet wurde. Prächtige Wandgemälde in den Kirchen und feste Trauerrituale erinnerten daran: »Gedenke, dass du ein sterblicher Mensch bist!« Der Tod wurde als Schlussstein des Lebensgebäudes betrachtet, der das Ganze abschließt und abrundet. Angesichts des Todes gewann jeder Augenblick des Lebens eine besondere Kostbarkeit.

Wer in die Wüste fährt, kann die Chance nutzen, sich wieder etwas von dieser alten Kunst anzueignen. Denn in der Wüste begegnet man dem Tod auf Schritt und Tritt. Da könnte man sich doch auch mit ihm ein wenig anfreunden.

Biblischer Impuls

Tod, wie bitter ist der Gedanke an dich für den Menschen, der ruhig sein Heim bewohnt, für den Menschen, der sorglos lebt und in allem Glück hat, der noch kräftig genug ist, das Vergnügen zu genießen. Tod, wie gut ist deine Sendung für einen Unglücklichen und den, dem die Kräfte schwinden, für den Alten, der verbraucht und von Sorgen geplagt ist, der mürrisch geworden und die Geduld verloren hat!

Fürchte dich nicht vor dem Tod, weil er dir bestimmt ist, denke daran, dass er Vor- und Nachfahren in gleicher Weise trifft. Er ist als Anteil allem Fleisch von Gott bestimmt, warum also unwillig sein gegen die Bestimmung des Höchsten? Ob tausend Jahre, hundert oder zehn, in der Unterwelt gibt es keine Klage über die Lebensdauer.

(Jes Sir 41,1–4)

Zum Wahrnehmen und Bewähren

In der Wüste kann uns das Bedrohtsein und die Vergänglichkeit des Lebens bewusster werden. Die tote Landschaft erinnert uns auch an den eigenen Tod. Hier kann ich die Begrenztheit und Endlichkeit meines eigenen Lebens deutlicher spüren als im durchorganisierten Getriebe des Alltags.

Ich setze mich auf eine Düne und beobachte, wie der Wind den Sand immer weiterbewegt. Dann greife ich mir eine Handvoll Sand und lasse ihn langsam durch die Finger rieseln: Ich kann nichts festhalten. Wieder und wieder lasse ich den Sand durch die Finger gleiten. Meine Lebenszeit zerrinnt wie der Sand in einer Sanduhr – nur dass ich nicht sehe, wie viel Vorrat an Zeit und Leben sich noch im oberen Teil befindet. Unten hat sich schon eine beträchtliche Menge Sand angesammelt: bereits abgelaufenes Leben, nie mehr rückholbare Zeit.

Wenn ich den Sand aus der Höhe rieseln lasse, so trägt der Wind den Staub davon. In einem Lied der amerikanischen Band Kansas heißt es: »Dust in the wind. All we are, is dust in the wind ... Don't hang on ...«

Das Bewusstsein, nichts und niemanden festhalten zu können, wird hier hautnah spürbar. Der mir durch die Hände rieselnde Sand ist entstanden aus großen Felsen, die zwischen den Mühlsteinen von Hitze und Frost zermahlen wurden. In unvorstellbaren Zeiträumen wurden ganze Gebirge zermalmt und aufgerieben. Das härteste Gestein: hingestreut zu Sand und Staub. Was können wir da schon festhalten, mit den bloßen Händen eines verletzlichen Körpers?

Denkanstöße

Die Wüste gehört dazu ... Die großen Aufbrüche der Menschheit und des Menschen werden in der Wüste entschieden ... Es steht schlimm um ein Leben, wenn es die Wüste nicht besteht oder sie meidet ... Es steht schlimm um eine Welt, wenn in ihr kein Platz mehr ist für die Wüste und den leeren Raum ... Ich will keine Ode an die Wüste schreiben. Wer sie bestehen musste und muss, wird mit Ehrfurcht von ihr sprechen und mit der leisen Verhaltenheit, mit der der Mensch sich seiner Wunden und Schwächen schämt. Sie ist der große Raum der Besinnung, der Erkenntnis, der neuen Einsichten und Entscheidungen ... Sie ist das Gesetz der Härte und Bewährung, unter das wir gerufen sind. Und sie ist der stille Winkel unserer Tränen und Notrufe und Erbärmlichkeiten und Ängste. Aber sie gehören dazu.

Alfred Delp, Brief aus dem Nazi-Gefängnis

alles fließt

felsenfest stehen die steine
gebirge aus gehärtetem granit
gebaut für die ewigkeit
doch der stein trügt

hitze und frost
hand in hand mit
dem wechselnden wind
zermahlen das gestein
für die große sanduhr der zeit
lawinen aus geröll
donnern in die tiefe
und weiche wasser
runden die kiesel
rollen sie bis ins meer

kein stein bleibt
auf dem andern
der festeste fels
wird wegbewegt
und am ende der tage
vielleicht sogar
der schlussstein
meines grabes

Der Klang der Stille

In der Wüste empfängt uns eine fremdartige Landschaft – und eine ungewohnte Stille. Im Alltag leben wir inmitten eines Meeres aus tausend Geräuschen. Doch wenn wir in die Wüste hinauswandern, so treten wir wie in einen Tempel der Stille ein. Wenn der Wind schweigt und die Palmblätter nicht mehr flüstern, hört man gar nichts mehr. Mir fällt auf, wie viel Lautes mich sonst umgibt. Wir leben mit einem Hintergrundrauschen, das nie aufhört: der Lärm der Autos, der Züge, der Baustellen - ein Geräuschpegel, der unaufhörlich dröhnt. Viele von uns brauchen die Dauerberieselung durch den Fernseher oder gehen nur mit zugestöpselten Ohren auf die Straße. Wenn es einmal still wird, dann kommt uns das unheimlich vor.

C.S. Lewis erzählt in seinen »Dienstanweisungen an einen Unterteufel«, wie der Oberteufel seinen Neffen das Teufelshandwerk lehrt: Wir müssen die Menschen dazu bringen, dass sie möglichst viel Krach machen. Wir müssen also dafür sorgen, dass es immer lauter wird, bis das ganze Weltall von einem einzigen Höllenlärm erfüllt ist. – Und dann stellt der Oberteufel zufrieden fest: Im Blick auf dieses Ziel sind wir, was die Erde anbelangt, in den letzten Jahren ein gutes Stück vorangekommen.

Warum ist Lärm für den Teufel von Vorteil? Wenn es um uns herum laut ist, können wir die Stimmen in uns kaum noch wahrnehmen. Derart vollgedröhnt gelangen die

Menschen nicht mehr in die Tiefe, sondern bleiben ober-flächlich. Damit überhören sie auch die Stimme Gottes in ihrem Innern: im Gewissen, im spontanen Aufsteigen von Dankbarkeit, in der Sehnsucht nach Liebe. Das Hören auf diese inneren Stimmen kann schmerzlich sein. Denn in uns wohnen auch Angst, Erinnerung an Verletzungen, das quälende Gefühl von Schuld oder Verlassenheit. Wir sto-ßen auf unsere Endlichkeit und zugleich auf den Hunger nach dem Unendlichen.

Viele Menschen meiden die Stille, weil sie sich vor diesen Stimmen fürchten. Wer aber nicht mehr auf sich selbst hört, der hört bald nur noch auf andere oder ande-res. Menschen sind umso leichter manipulierbar, je weni-ger sie einen Zugang zu ihren eigenen Empfindungen und Wünschen haben

In der Wüste kann ich im Schweigen wieder zu mir sel-ber finden. Denn die Stille schafft Abstand von dem, was mich sonst bedrängt. Mein Herz beruhigt sich wie ein Ge-wässer, das nach einem Sturm wieder zur Ruhe kommt. Das Aufgewühlte kann absinken und ich sehe wieder kla-rer. Schweigen ist mehr als nur Abschalten. Im Schwei-gen lasse ich mich selbst los. Die Stille der Wüste sickert in mich ein. Es ist keine Totenstille, sondern Stille des Frie-dens. In dieser Stille höre ich mein eigenes Aufatmen.

Biblischer Impuls

Das Schweigen wird zur Voraussetzung, damit Gottes Wort bei uns ankommen kann:

Denn während tiefes Schweigen alles umfing und die Nacht in ihrem schnellen Lauf bis zur Mitte vorgerückt war, da sprang dein allmächtiges Wort vom Himmel her, vom königlichen Thron.

(Weish 18,14f)

Der Prophet Elija hat im Namen Gottes gewütet und Feuer vom Himmel regnen lassen. Dann aber muss er in die Wüste fliehen und verbirgt sich auf dem Gottesberg Horeb in einer Höhle. Hier spricht Gott ihn an:

Geh hinaus und tritt auf dem Berg vor den Herrn hin! Da zog der Herr vorüber. Ein gewaltiger, heftiger Sturm, der Berge zersprengt und Felsen spaltet, ging vor dem Herrn her; aber der Herr war nicht im Sturm. Nach dem Sturm kam ein Erdbeben; aber der Herr war nicht im Erdbeben. Nach dem Erdbeben kam Feuer; aber der Herr war nicht im Feuer. Nach dem Feuer kam ein leises, sanftes Säuseln. Als Elija das vernahm, verhüllte er sein Gesicht mit seinem Mantel, ging hinaus und trat an den Eingang der Höhle.

(1 Kön 19,11–13)

Zum Wahrnehmen und Bewähren

Ich suche mir einen Platz, an dem es ganz ruhig ist. Ich höre auf die Stille, die mich umgibt. Wenn innere Stimmen laut werden, so lasse ich sie wieder los. Vielleicht wird mir dann ein Augenblick tiefer Stille geschenkt: Ganz allein, inmitten der Wüste, stelle ich mich in die Sonne und schließe die Augen. Orangefarbenes Licht scheint durch die geschlossenen Augenlider. Die Wärme dringt bis in mein Innerstes. Ich spüre meine Füße im Sand. Ich bin verwurzelt, wie eine Palme. Es kommt mir vor, als würde der Wind durch mich hindurchwehen und keine Gedanken oder Gefühle mehr finden, die er aufwirbeln könnte. Lange stehe ich da. Ganz eins mit dem Sand, dem Wind, dem Licht. Ganz eins mit mir selbst. Alles schweigt. Die große Stille umhüllt mich und erfüllt mich. Die große Stille: Das bin ich jetzt selbst.

Denkanstöße

Der heutige Zustand der Welt, das ganze Leben ist krank. Wenn ich Arzt wäre und man mich fragte, was rätst du? Ich würde antworten: Schaffe Schweigen! Bringe die Menschen zum Schweigen. Gottes Wort kann so nicht gehört werden.

Søren Kierkegaard

Es gibt eine Stille des Friedens, wenn ... der Abend wieder seine Frische spendet und einem zumute ist, als halte man in einem stillen Hafen mit eingezogenen Segeln Rast. Es gibt eine Stille des Mittags, wenn in der Sonne Gedanken und Bewegungen einsetzen ... Es ist angespannte Stille, wenn sich die Rückkehr des Boten verzögert. Eine zuge-spitzte Stille, wenn man nachts seinen Atem anhält, um zu lauschen. Eine schwermütige Stille, wenn man sich an die erinnert, die man liebt.

Antoine de Saint-Exupéry

Gott ist der leiseste von allen.

Rainer Maria Rilke

Für Charles de Foucauld war die Wüste ein besonderer spi-ritueller Ort. Inmitten einer dürstenden Landschaft wollte er den Gottesbrunnen finden:

Man muss die Wüste durchqueren und in ihr verwei-len, um die Gnade Gottes zu empfangen ... Schweigen be-deutet das Gegenteil von Vergessen und Kälte; in der stil-len Betrachtung entzündet sich das Feuer. Im Schweigen liebt man am glühendsten; Lärm und Worte ersticken oft das innere Feuer.

Es liegt im Stillesein eine wunderbare Macht der Klä-rung, der Reinigung, der Sammlung auf das Wesentliche.

Dietrich Bonhoeffer

was wirklich nährt

beim reden zerredet
durch schreien verschrien
im sagen versagt

beim plappern verplappert
durch rufen verrufen
im krach verkracht

äußerungen veräußern
brüllen brüllt nieder
dröhnen dröhnt zu

stille
aber
kann stillen

Mit leichtem Gepäck

Tief in uns steckt die Angst, zu kurz zu kommen. Wir fürchten uns vor Mangel, vor dem Hunger, vor dem Zuwenig. Diese Angst ist ein ganz natürliches und überlebensdienliches Gefühl. Es braucht eine Basis-Absicherung, ein verlässliches Einkommen, eine gewisse Vorratswirtschaft, damit wir überleben können. Doch Leben ist mehr als Überleben. Was brauche ich wirklich zum Leben?

Die Wüste zwingt zur Reduktion. Die Trockenheit duldet nichts Überflüssiges. Wer zu viel mitschleppt, wird nicht weit kommen. Der überladene Landcruiser wird im Sand versinken. In der Wüste wird deutlich, was wirklich wichtig ist. Im Kontakt mit den Elementen, mit Erde, Wasser, Feuer und Luft, kommen unsere elementaren Bedürfnisse zum Vorschein.

Die Wüste lehrt uns, das zum Leben Notwendige von den angelernten Begierden zu unterscheiden. Die Konsumgesellschaft funktioniert nur, wenn ständig Neues auf den Markt geworfen wird. Der Motor, der diese Wirtschaftsform am Laufen hält, wird durch die Produktion ständig neuer Wünsche angetrieben. Doch die Jagd nach dem stets Modischen, nach »immer besser« und »immer mehr« macht uns Menschen atemlos. Manipuliert durch grellbunte Werbung und den neidischen Blick auf die anderen funktionieren wir als angepasste Konsumenten, als Rädchen in einer gigantischen Maschinerie.

Die Wüste hilft mir, aus diesen Mechanismen – zumindest für eine Zeit – auszusteigen und eine ursprüngliche Freiheit zu erfahren. Fernab vom Strudel der Werbung und vom Trubel der Einkaufszentren kann ich aufatmen: Ich brauche jetzt ganz wenig. Ich muss nicht mehr nach Schnäppchen jagen oder die Börsennachrichten verfolgen. Geld nützt mir in der Wüste nicht viel, denn es gibt keine Supermärkte und Shopping Malls. Dafür gibt es so viel Schönes und Kostbares völlig kostenlos: das Licht, den Schlafplatz im Sand, das Wasser aus dem Brunnen. Die Wüste bietet die Chance, sich von eingefahrenen Gewohnheiten zu befreien. Erstaunt stelle ich fest: Ich kann auch ohne Internet, Auto, Zeitung, Dusche und Federbett leben. Schon so viele Tage komme ich ohne Fernsehen aus – und ich vermisse kaum etwas.

In der Wüste muss man mit leichtem Gepäck unterwegs sein. Alles Untragbare muss man zurücklassen, sonst wird es unerträglich. Die wenigen Gepäckstücke werden für uns besonders kostbar: Ein gutes Paar Schuhe – was für ein Schatz! Ein Taschenmesser, die Sonnenbrille – welch ein Reichtum! Ich kann lernen, mich über die einfachsten Dinge zu freuen, über meinen Schlafsack, meine Zahnbürste, das Toilettenpapier.

Das Geheimnis der Wüste besteht darin, dass ich das Wenige umso intensiver erlebe. Nicht das Vielerlei erfüllt uns, sondern das Eine, das in die Tiefe geht. Nicht tausend Sensationen schenken uns Glück, sondern der Sensus für

das Echte, das uns berührt. Wer lernt, das Wenige zu ver-
kosten, der erfährt, wie köstlich ein Schluck kühlen Wassers aus einem Brunnen schmeckt. In der Wüste kann ich
wieder Geschmack am Leben finden.

Biblischer Impuls

Als Mose das Volk Israel aus der Sklaverei Ägyptens in die
Freiheit der Wüste führte, kam es dort zur Meuterei. Die
Leute wollten lieber an den gesicherten Fleischtöpfen sitzen, als in der Wüste Hunger zu leiden. Und selbst als Gott
das »Brot vom Himmel« (Manna) schickte, wollten einige
Israeliten immer noch nicht aus Vertrauen leben, sondern
sich absichern: Sie sammelten vom Manna mehr als sie
brauchten. »Es war aber voll Würmer und faulte.«
(Ex 16,20)

Wer wie Jesus daran glaubt, dass Gott es gut mit ihm meint
und für ihn sorgen wird, erliegt nicht der Versuchung, sein
Leben durch Besitz oder Macht abzusichern. Eindrücklich
warnt Jesus vor falschem Prestigedenken und dem Festhalten und Horten von nichtigen Reichtümern:

*Sammelt euch nicht Schätze auf der Erde, wo Motte
und Wurm sie zerstören und wo Diebe einbrechen und
stehlen ... Sorgt euch nicht um euer Leben, was ihr essen
werdet, noch um euren Leib, was ihr anziehen werdet.*

Ist nicht das Leben wichtiger als die Nahrung und der Leib wichtiger als das Kleid? Schaut auf die Vögel des Himmels: Sie säen nicht, sie ernten nicht und sammeln nicht in Scheunen, und euer himmlischer Vater ernährt sie. Seid ihr nicht viel mehr wert als sie? Wer aber von euch kann mit seinen Sorgen seiner Lebenslänge eine einzige Elle hinzufügen?

(Mt 6,19; 25–27)

Jesu Botschaft vom Reich Gottes, dass also Gott selbst der einzig erfüllende Reichtum des Menschen ist, schenkt Gelassenheit. Der Mensch darf im Heute leben, weil Gott für das Morgen sorgen wird. Er soll das Hier und Jetzt als Geschenk annehmen, ohne es in Besitz zu nehmen. Denn Gottes Liebe fließt unaufhörlich und erneuert sich wie der Wasserstrahl eines Brunnens, der aus der Tiefe gespeist wird.

Zum Wahrnehmen und Bewähren

Ich nehme mir Zeit, um mein Gepäck anzuschauen: Was habe ich in die Wüste mitgenommen? Was davon ist wirklich lebensnotwendig? Worauf könnte ich noch verzichten? Vielleicht spüre ich eine Freude, dass ich mit so wenigem zufrieden sein, ja sogar ein Glück empfinden kann.

Wer nur weniges mit sich herumschleppt, fühlt sich erleichtert. Ich nehme heute besonders den Unterschied wahr zwischen meinem Alltag daheim und dem, was ich in der Wüste erlebe:

* Wie sehen meine Mahlzeiten daheim aus? Wie schmeckt es mir zu Hause – und wie schmeckt hier in der Wüste das Wasser, das Brot, die einfache Mahlzeit?

* Wie schlafe ich, in meinem Bett und mit meinen Schlafgewohnheiten daheim – und hier, im Schlafsack im Sand oder auf einer Matte?

* Womit ist meine Wohnung daheim angefüllt – und wie fühlt sich eine solche (Über-)Fülle an? Was erscheint mir vom Blickpunkt der Wüste aus überflüssig? Will ich mich vielleicht von manchem trennen, wenn ich wieder daheim bin?

Denkanstöße

Die Wüste macht reich, indem sie das Armwerden provoziert. Weil einem in der Wüste nichts gehört, gehört einem alles: Wind, Sand und Sterne, Sonne und Mond, Dünen und Felsen, das kostbare Wasser, der spärliche Bewuchs. Von allem Überflüssigen befreit und auf elementare Lebenszüge verwiesen, fühlt man sich in der grenzenlosen Weite daheim. Man trägt die Wüste gewissermaßen in sich. Man spürt, dass sie ein Teil seiner selbst ist.

Nach Gisbert Greshake

Werdet Vorübergehende

Schnitz dir einen Wanderstab
aber zimmere dir keine Dachbalken

Wozu eine Vorratstasche
Liebe empfängt man nicht aus Konserven
Hoffe auf frisches Brot unterwegs

Du darfst Sandalen tragen
aber lerne auch barfuß zu gehen

Zu viel Geld dabei beunruhigt
Sonne und Regen gibt es gratis

Nimm ein zweiten Hemd mit
für das Fest
und für das Grab

Dasein in der Gegenwart

In meinem Alltag bin ich von vielen Verpflichtungen und Aufgaben hin und her gerissen. Der Terminkalender, angefüllt mit Plänen und Projekten, lässt mich schon in die Zukunft reisen. Der Hader mit einer schwierigen Geschichte, die Verletzung durch einen Menschen bannen mich an die Vergangenheit. So werde ich wie an elastischen Bändern in verschiedene Richtungen gezerrt.

In Tagträumen begebe ich mich auf gedankliche Fernreisen und male mir aus, was ich anderswo bewirken könnte. Und selbst im Gebet passiert es mir oft, dass ich im Geist einen Einkaufszettel vorbereite oder an eine unerledigte Aufgabe denke. Zu nah liegt ja auch der Terminkalender, der unaufgeräumte Schreibtisch, der PC mit seinen unbeantworteten E-Mails.

Die Reise in die Wüste schafft Distanz. Nicht nur die große Zahl von Kilometern entfernt mich von der Mühle des Gewohnten, sondern auch die ungewöhnliche Landschaft, die spärliche Ausrüstung, das Abschalten der Medien. Das Schweigen und die Abgeschiedenheit der Wüste helfen, präsenter zu werden im Hier und Jetzt. In der Wüste gibt es kaum Sensationen, aber ich werde sensibler: Die Sinne sind geschärfter und ich lebe mehr in der Gegenwart. In meinem Alltag werde ich überschwemmt von Sinneseindrücken: der Lärm auf der Straße und am Arbeitsplatz, visuelle Reize, Werbung, Medien. Vieles bricht gleichzeitig über mich herein, so dass ich ständig von einem Geräusch oder Blick zum nächsten gejagt werde. Es ist nahezu unmöglich, bei einer Sache, einem Wort, einem Eindruck zu bleiben. Die Konsumgesellschaft braucht diese Maschinerie der Reizüberflutung, um ständig neue Bedürfnisse zu wecken. Und weil man mit der Zeit abstumpft, muss die Werbung immer aufdringlicher, schriller und greller auftreten. Mit dem Effekt, dass die Welt immer oberflächlicher zu werden scheint. Dies gilt für viele Lebensbereiche: Wir wollen nichts verpassen und jagen daher von einer Sache zur andern.

Es kommt mir vor, als würden wir an möglichst vielen Stellen gleichzeitig graben und bohren, um an das Grundwasser zu kommen. Wenn wir jedoch zwischen vielen Baustellen hin und her hetzen, gelangen wir nicht in die Tiefe. Dazu müssen wir an einer einzigen Stelle bleiben, auch wenn es langweilig und mühsam wird.

Die Wüste ist der Ort einer solchen Tiefenbohrung. Hier versuche ich bei dem zu bleiben, was ich gerade tue. Während ich daheim beim Frühstück noch Radio höre und nebenher die Zeitung überfliege, versuche ich hier, sehr bewusst und langsam zu essen – und dabei wieder auf den Geschmack zu kommen. Manchmal schließe ich die Augen, um noch intensiver zu spüren, wie erfrischend der Schluck Wasser, wie süß das Brot nach längerem Kauen schmeckt. Man könnte erwarten, dass es einem mit den täglichen Datteln zum Frühstück bald langweilig wird.

Ich lerne jedoch, auf den unterschiedlichen Geschmack der verschiedenen Dattelsorten zu achten. Ich genieße jeden Bissen und koste ihn aus. In der Wüste hat man nur wenig Gelegenheit zur Ablenkung. Die Wüste hilft mir, in der Gegenwart zu bleiben, im Hier und Jetzt zu leben. Ich versuche, alles gesammelt und konzentriert zu tun: Gehen, Kochen, Essen, Beten. Ich bin im Augenblick präsent und bleibe bei dem, was ich gerade sehe, erlebe oder tue. Darin liegt ein Frieden.

Biblischer Impuls

Für die Bibel ist Gott der Gegenwärtige, der »Ich bin da«. Dieses Versprechen gilt für die unterschiedlichsten Situationen:

Nun aber – so spricht der Herr, dein Schöpfer, Jakob, der dich geformt hat, Israel: Fürchte dich nicht; denn ich habe dich ausgelöst und rufe dich beim Namen, mein bist du. Gehst du durch Wasser, ich bin bei dir, durch Ströme, sie werden dich nicht überfluten. Gehst du durch Feuer, du wirst nicht verbrennen; die Flamme wird dich nicht versengen. Denn ich, der Herr, bin dein Gott, der Heilige Israels ist dein Helfer.

(Jes 43,1–3a)

Zum Wahrnehmen und Bewähren

Oft muss ich feststellen, dass ich nicht richtig präsent bin. Manchmal wandere ich ins Vergangene aus: Ich ertappe mich bei inneren Diskussionen mit Menschen, mit denen ich nicht klar kam. Das Ungeklärte und Unbereinigte taucht wieder in mir auf und beschäftigt mich.

Manchmal ist es gut, eine schwierige Situationen innerlich noch einmal durchzugehen. Aber wenn ich dieselbe Geschichte wieder und wieder durchkaue, dann heißt das noch lange nicht, dass ich sie jetzt besser verdaue. Im Gegenteil: Das grübelnde Kreisen um eine ungute Erinnerung kann mich immer mehr besetzen. Ich gehe spazieren und nach einer Stunde fällt mir plötzlich auf: Ich habe mit meinen Füßen überhaupt nichts vom Boden gespürt, sondern war gedanklich völlig abwesend.

Wenn ich merke, dass ich gedankenmäßig in einer Endlosschleife gelandet bin und immer wieder um die gleiche Sache kreise, dann kann es helfen, auf die Sinne zu achten: Nimm die Natur wahr, dann hebst du nicht zu Gedankenflügen ab. Spüre deinen Körper, dann bleibst du auf dem Boden. So weit deine Phantasien auch mit dir weggeflogen sind, dein Körper ist immer noch da. Spüre die Sonne auf deiner Haut und den Wind, wie er dich sanft streichelt. Spüre in deine Hände, in deine Füße – dann bist du im Hier und Jetzt!

Denkanstöße

Die Stille ist nicht auf den Gipfeln der Berge, der Lärm ist nicht auf auf den Märkten der Städte, beides ist im Herzen des Menschen.

Östlicher Weisheitsspruch

Das Schweigen ist die Kunst, ganz gegenwärtig zu sein, sich vorbehaltlos auf den Augenblick einzulassen. Wenn uns ständig irgendwelche Gedanken durch den Kopf schießen, dann halten sie uns davon ab, gegenwärtig zu sein, dann sind wir immer woanders. Das Gegenwärtigsein ist die Voraussetzung, dem gegenwärtigen Gott begegnen zu können. Das Ziel des Schweigens ist jedoch, mit Gott eins zu werden, so offen zu sein für Gott, dass er unser Denken und Fühlen erfüllt, dass wir ihn auf dem Grunde unseres Herzens spüren, dass wir ihn als die Quelle unseres Inneren erleben, als eine Quelle, die nie versiegt, weil sie göttlich ist.

Anselm Grün

Regeln für Realpräsenz

wir haben mit dem Leben
keinen unbefristeten Vertrag
Zeit schenkt sich nur
von nun auf jetzt

vertreibe deine Zeit doch nicht
und schlag sie auch nicht tot
gleich einer Fliege die belästigt
zerpflücke nicht den Tag

nutze die Zeitfenster
zum stillen Schauen
geistesgegenwärtig
bewohne deinen Leib

übergehe nicht die Rose unterwegs
bleib stehn und atme ihren Duft
nur der Augenblick ist wirklich
wann lebst du wenn nicht jetzt

Wahrnehmen

Ganz schön einsam

Ich habe mich gefreut, in der Wüste endlich für mich zu sein und von allen gesellschaftlichen Verpflichtungen und Terminen frei zu werden. Hier muss ich nicht unter den Augen der anderen leben. Ich kann einfach ich selber sein und muss mich mit anderen weder vergleichen, noch ihnen gefallen; weder ihre Erwartungen erfüllen, noch ihnen widersprechen.

Gewöhnlich leben wir in bevölkerungsdichter Umgebung. Im Alltag bin ich eingebunden in soziale und berufliche Netzwerke, in Beziehung mit den Nachbarn, Kollegen, der Familie und Freunden. Und wenn ich mich allein fühle, so kann ich mich durch die sozialen Medien jederzeit wieder einloggen in ein Beziehungsgeflecht. All das vermittelt mir das Gefühl, dass ich nicht allein bin.

Doch die Wüste mit ihrer ausgedehnten Menschenleere lässt mich spüren, was ich im Trubel und Treiben der Städte mehr oder weniger erfolgreich verdrängen kann: Dass jeder Mensch einmalig ist – und damit zugleich auch einsam. Was ich erlebe, wie ich empfinde, meine Ideen und Träume, all das ist so besonders, dass ich vieles davon mit anderen nicht teilen kann. Wir verstehen andere immer nur bedingt und begrenzt, oft auch gar nicht. Hier in der Wüste muss ich der Tatsache ins Auge sehen, dass es keinen Menschen auf der Erde gibt, der meine Sehnsüchte und Empfindungen zu hundert Prozent versteht.

Die Angst vor der Einsamkeit steckt uns tief in den Knochen. Mit der Geburt wurden wir aus dem paradiesischen Einssein mit der Mutter vertrieben. Der Nabel ist die Narbe dieser Trennung. Wir sehnen uns nach Umsorgtsein, Zärtlichkeit und Freundschaft. Doch wer versteht mich, tröstet mich, ist mir wirklich nahe? Selbst der liebste Mensch kann nicht bis in die Tiefe meiner Empfindungen hinabsteigen. Jeder Mensch trägt unaussprechliche Gefühle und Gedanken mit sich herum.

Was ich hier in der Wüste erlebe: Wem kann ich es erzählen? Wer interessiert sich dafür, kann es nachempfinden und mich verstehen? Alleinsein tut weh, wenn mir niemand in meinem Schmerz nahe ist. Aber ich kenne auch die Einsamkeit im Glück: Wie gerne würde ich das Wunderbare, das sich mir zeigt, mit einem anderen Menschen an meiner Seite teilen! Ich sehne mich nach einem Menschen, mit dem ich Schulter an Schulter unter dem Sternenhimmel stehen und staunen kann. Wie oft aber bleibe ich allein mit meinen Gedanken und Gefühlen! Wie Robin Crusoe kreise ich um meine kleine Insel und finde im Sand nichts als meine eigenen Fußspuren.

Biblischer Impuls

Die Bibel erzählt von Menschen, die in der Wüste entdecken konnten, dass sie im Tiefsten nicht allein, sondern von Gott gekannt und geliebt sind. Ein Beispiel: Abrahams Frau Sarai fürchtet ihre Magd Hagar als Nebenbuhlerin, weil sie von Abraham schwanger geworden ist und sich daher Sarai überlegen fühlt. Als Reaktion darauf jagt Sarai Hagar in die Wüste.

Der Engel des Herrn fand sie an einer Wasserquelle in der Wüste … Er sprach: Hagar, Magd Sarais, woher kommst du und wohin gehst du? Sie antwortete: Vor Sarai, meiner Herrin, bin ich auf der Flucht. Darauf erwiderte der Engel des Herrn: Kehr wieder zu deiner Herrin zurück und beuge dich unter ihre Gewalt. Und weiter sagte der Engel des Herrn: Ich will deine Nachkommen so zahlreich machen, dass man sie vor Menge nicht zählen kann.

Da nannte sie den Namen des Herrn, der mit ihr geredet hatte: Du bist El-Roï (Gott, der nach mir schaut); denn sie sagte: Habe ich hier nicht nach dem geschaut, der nach mir schaut? Darum nannte man diesen Brunnen den Beer-Lahai-Roï (Brunnen des Lebendigen, der nach mir schaut.)

Gen 16,7–10; 13f

Hagar ist verzweifelt und dem Tod nah. Doch dann hört sie, wie der Engel Gottes sie anspricht und ihr Mut macht, wieder zu Abraham und Sarai zurückzukehren. Sie erfährt, dass sie in ihrer Einsamkeit und Not von Gott nicht vergessen ist. Sie nennt Gott »denjenigen, der nach mir schaut«. Und dieser erste Gottesname in der Bibel wird in Verbindung gebracht mit einem Brunnen: Die Ahnung, dass Gott sie liebevoll anschaut, wird zur Quelle neuer Lebenskraft.

Dort, wo Menschen ihre Einsamkeit spüren und annehmen, können sie zugleich eine tiefere Form von Verbundenheit erleben: Ich bin angewiesen auf ein größeres Du. Ich ersehne eine umfassende Liebe, wie sie Menschen gar nicht geben können. In der Leere der Wüste ist Gottes Werben um den Menschen unmittelbar erfahrbar. Die Sehnsucht nach innerer Heimat und Verstandenwerden wird zum Türöffner, der Menschen ahnen lässt, dass Gott selbst und Gott allein diesen Durst nach Liebe stillen kann.

Zum Wahrnehmen und Bewähren

Ich suche mir einen Ort, wo ich eine Zeit ganz für mich allein sein kann. Ich versuche, meinen Körper zu spüren: meine Füße, meine Wirbelsäule, meine Schultern, meinen Kopf. Ich betrachte meine Finger, die Fingerabdrücke. Ich nehme wahr: Ich bin einmalig.

Darüber kann ich mich freuen. Aber vielleicht spüre ich auch, dass die Einmaligkeit mich manchmal einsam macht: Wer kann meine Empfindungen nachvollziehen? Wer kann verstehen, wie mir zumute ist? Mit wem kann ich mein Innerstes teilen?

Beim Rückweg achte ich auf die Spuren, die ich auf dem Hinweg im Sand zurückgelassen habe: Es ist nur eine Spur. Niemand ist neben mir gegangen. Vielleicht erinnere ich mich auch an die Geschichte, wo jemand Gott fragt: Warum sehe ich im Rückblick zu den Zeiten, in denen ich einsam war und gelitten habe, nur eine Spur? Warum bist du nicht neben mir gegangen? Und die Antwort: Wenn du nur eine Spur siehst, dann deshalb, weil ich dich in diesen Zeiten getragen habe.

Denkanstöße

Die Einsamkeit ist ohne Zweifel eine der wesentlichen Wurzeln, aus denen die Begegnung des Menschen mit Gott aufgestiegen ist. Wo der Mensch sein Alleinsein er-fährt, erfährt er zugleich, wie sehr seine ganze Existenz ein Schrei nach dem Du ist und wie wenig er dazu ge-macht ist, nur ein Ich in sich selbst zu sein.

Joseph Ratzinger

Der kleine Prinz: »Man ist ein bisschen einsam in der Wüste ...«

»Man ist auch bei den Menschen einsam«, sagte die Schlange.

Antoine de Saint-Exupéry

hagar am brunnen

»el-roï« (»der nach mir schaut«)

im hochmut habe ich
auf andere herabgeschaut
jetzt kann ich keinem mehr
unter die augen treten

niemandsland
bin ich geworden
mein leben verläuft
spurlos im sand

wie gern würde ich sehen
dass mich jemand gern sieht
mein auge hält ausschau
nach einem gesicht

dein blick trifft ins schwarze
pupillen tiefer als brunnen
schenken ansehen
unerschöpflich

Versuchung und Bewährung

Wenn in der Wüste die erste Begeisterung verflogen ist, kann sich Ernüchterung und Trägheit einstellen. Eine unabsehbar lange Wanderung lässt Langeweile aufkommen. Da ich mich durch Äußeres kaum ablenken kann, verfalle ich auf innere Auswege: Ich träume vom Glück, das mich anderswo erwartet. Ich flüchte mich in Phantasien. Eine alte Strategie: Wenn wir uns klein und ohnmächtig fühlen, dann locken uns Größenphantasien; wir malen uns aus, wie Erfolge und Leistungen uns stark und wichtig machen.

Die große Versuchung des Menschen besteht darin, dass er nicht er selbst sein will. In der Kargheit der Wüste beschleichen auch mich solche Gedanken und Phantasien. Bin ich mit mir selbst im Frieden? Wonach greife ich, um mich größer zu machen, wichtiger, bedeutender? Wir können uns definieren durch unsere Leistung, durch Nützlichkeit, durch Zugehörigkeit zu einer Gruppe oder zu einem bestimmen Menschen. Ich kenne beispielsweise die Versuchung, mir dadurch Bedeutung zu verschaffen, dass ich bestimmte Aufgaben übernehme und meine Arbeit zuverlässig erledige. Das ist ja zunächst etwas Positives. Aber dahinter kann sich die heimliche Angst verbergen, dass ich ohne meine Leistung wertlos bin.

Auch zu Hause habe ich die Tendenz, aus der Dürre des Alltags in Phantasien des Erfolges zu flüchten. Solche

Träume sind freilich Luftgespinste. Was in der Ferne lockt, ist ein Trugbild, eine nur vorgespiegelte Wahnvorstellung. Wenn man der Fata Morgana nachrennt, die einem eine Oase oder einen See vorgaukelt, wird man ins Leere laufen. Der vorgetäuschte Schein kann nicht nähren.

Ich muss auch mit den Enttäuschungen leben lernen, mit Misserfolg und Verkannt-Werden.

Hier in der Wüste wird das Funktionieren unterbrochen. Ich laufe nicht mehr in den Regelkreisen der Effektivität. Im Freiraum der Wüste tue ich nichts, was sich in das Kalkül von Leistung oder Nutzen einordnen lässt. Doch das Nutzlose ist nicht sinnlos – im Gegenteil: Der Sinn des Daseins liegt tiefer als der Sinn des Tuns. Und mein Wert kommt mir unabhängig davon zu, wie andere mich bewerten. Die Leere, die sich in diesem »Nichts-Tun« zu Wort meldet, ist nicht leicht auszuhalten. Aber schreit diese Leere nicht gerade nach einer Erfüllung, die ich letztendlich nicht aus eigener Kraft erreichen kann? Ich bin davon überzeugt, dass die menschlichen Bedürfnisse in ihrer Tiefe auf Gott verweisen. Wenn ich die Sehnsucht nach Anerkennung und Erfüllung aushalte, dann kann in mir die Hoffnung keimen, dass nur Gott die Quelle ist, die meinen brennenden Durst zu löschen vermag.

Biblischer Impuls

Die Bibel erzählt, dass Jesus bei seiner Taufe im Jordan die erfrischende Nähe Gottes verspürt hat. Jesus wird auf den Kopf zugesagt: »Du bist der geliebte Sohn Gottes!« Doch dieses Geschenk, dieser Edelstein muss in der Härte der Wüste geschliffen werden. Daher treibt der Geist Gottes Jesus nach seiner Taufe in die Wüste hinaus. Dort bleibt er vierzig Tage lang und wird vom Satan in Versuchung geführt. (vgl. Mk 1,12f)

Die Verlockungen in der Wüste entsprechen den drei großen Fragen, die nach dem Philosophen Paul Ricoeur jeden Menschen bedrängen:

* Wann habe ich genug?
* Wann gelte ich genug?
* Wann werde ich genug geliebt?

Wann habe ich genug? – Jeder Mensch spürt im Tiefsten die Angst, zu wenig zu sein und nicht zu genügen. Wer in sich unsicher ist, sucht nach äußeren Stützen seiner Identität. Er will sich durch Besitz oder Prestige, Macht oder Ansehen, Leistung oder Können definieren. Auch Jesus wird verlockt, der erfahrenen Liebe Gottes nicht zu trauen. Eine teuflische Stimme flüstert Jesus ein:

Wenn du Gottes Sohn bist, so befiehl, dass diese Steine Brot werden. Er antwortete: Es steht geschrieben: Nicht vom Brot allein lebt der Mensch, sondern von jedem Wort, das aus dem Mund Gottes kommt. (Mt 4,1–4)

Hier wird Jesus versucht, nur aus sich selbst zu leben: »Du bist ein reiner Selbstversorger und brauchst niemand anderen.« Der unendliche Hunger des Menschen kann freilich mit dem, was er sich selber leisten kann, nie ganz befriedigt werden. Er braucht das gute Wort, das ihm sagt: »Es ist gut, dass es dich gibt.« Der Mensch lebt nicht nur von selbstgebackenen Brötchen, sondern braucht Zuwendung, Dialog und Freundschaft. Daher entgegnet Jesus: Der Mensch lebt vom Wort, vom Zuspruch. Erst die Beziehung zu Gott, der das Ja-Wort zum Leben ist, kann den tiefen Hunger stillen.

Zum Wahrnehmen und Bewähren

Erich Fromm macht in seinem Buch »Haben oder Sein« darauf aufmerksam, dass viele Menschen auf ihre Habe fixiert sind und zu wenig aus dem »Sein« leben. Die Besitzenden verwechseln das, was sie haben, mit dem, was sie sind. Wir Menschen denken, wir seien mehr, wenn wir mehr haben: Man kauft ein teures Auto und denkt, es sei nun ein Teil unseres Körpers. Wenn die anderen das Auto bewundern, so fühlt man sich, als ob die anderen uns selbst bewunderten. So schätzt man uns um dessentwillen, was wir haben, und nicht um dessentwillen, wer wir sind. Ich kann in der Wüste, wo ich nichts besitze, versuchen, mein Sein intensiver zu spüren: Ich lebe und bin ein ursprüngliches Geheimnis, eine originelle Schöpfung, ein einmaliges Kunstwerk. Wenn ich über mein Dasein und Sosein staune und mich von Herzen freue, muss ich mein Leben weder ängstlich durch Habe absichern noch mich an Äußerlichkeiten klammern. Vielmehr lebe ich aus einer Identität, die jeden Augenblick erneuert wird. In dieser Dynamik kann ich über mich hinauswachsen, mich verströmen, ich darf teilen und lieben.

Denkanstöße

Gott hat ein Land mit Wasser geschaffen, auf dass die Menschen leben können, ein Land ohne Wasser, auf dass die Menschen dürsten und die Wüste als ein Land mit und ohne Wasser, auf dass die Menschen ihre Seele finden.

Sprichwort der Touareg

Wüste kann über uns hereinbrechen. Wenn uns Dinge oder Menschen, an denen das Herz hängt, genommen werden. Da ist plötzlich eine Leere. Wenn Wünsche zerbrechen. Alles um uns herum schweigt. Wenn wir uns freimachen von narkotisierendem Besitz, von versklavenden Gewohnheiten, von lärmender Oberflächlichkeit.

Nach Gisbert Greshake

Wer bin ich? Einsames Fragen treibt mit mir Spott.
Wer ich auch bin, Du kennst mich, Dein bin ich, o Gott!

Dietrich Bonhoeffer

im Garten
der Sandrose

windweite Wüste
Sanduhr des leisen Sterbens
im ohrenbetäubenden Schweigen
tausend Sterne Einsamkeit
nur warme Luft
und keine Worte mehr
die Stille verweht meine Spuren
Angst fällt wie ein Stein aufs Herz
zum Verweilen ist der Boden zu heiß
mein eigener Schatten schützt mich nicht
Sandstrahl zerschmirgelt alle Masken
was bleibt ist der Durst
und brennendes Fernweh
die Kompassnadel zeigt nach innen
meine Sprachlosigkeit wird zum Gebet

Begegnung mit mir selbst

In der Wüste gibt es kaum Möglichkeiten, mich von mir abzulenken. Ich bin mir selbst ausgeliefert, auf Gedeih und Verderb. Und wenn ich vor mir davonlaufe, dann höre ich den eigenen Atem: Ich bin immer noch bei mir! Darin liegt eine große Chance: Denn ich selbst bin ja der Mensch, mit dem ich mein Leben lang auskommen muss. In der Wüste kann ich mich noch mehr mit mir vertraut machen – und Freundschaft schließen mit mir selbst.

In der Wüste kann ich mich selber ausprobieren, in aller Freiheit, weil ich keinem bestimmten Maß genügen muss, das mir von einem Arbeitgeber oder einer gesellschaftlichen Konvention vorgegeben wird. Hier bin ich selbst das Maß: Ich gehe, so weit ich Kraft und Lust habe und es der von mir mitgeschleppte Wasservorrat erlaubt. Wenn mich die Müdigkeit überfällt, suche ich mir einen schattigen Platz zum Ausruhen. Meine vitalen Bedürfnisse liegen offen zutage: Hunger und Durst, Bewegungsdrang und Schlafwunsch.

Ich spüre hier meinen Körper intensiver als daheim: Ich kann mich bewegen, eine Düne erklettern, auf der anderen Seite wieder hinunterpurzeln. Ich freue mich darüber wie ein Kind und erlebe meine Kraft. Ich stoße aber auch an meine Grenzen und merke, wie ich elementar auf meinen Körper angewiesen bin: Intensiv spüre ich Schmerzen, Müdigkeit, Erschöpfung. Grenzen nicht zu respektieren kommt einer Kriegserklärung gleich. Stehe ich mit mir selbst auf Kriegsfuß – oder kann ich mit meinen Grenzen Frieden schließen?

Es kann geschehen, dass mich beim Gehen Erinnerungen einholen. Bruchstücke aus meiner Geschichte legen sich mir in den Weg und wollen beachtet, mitgenommen und zu gegebener Zeit auch wieder losgelassen werden. Manchmal aber wird es mir hier geschenkt, dass ich über eine lange Zeit einfach nur dasein kann, ohne Gedanken und inwendige Spaziergänge. Ich muss mich nicht mehr verteidigen, nicht rechtfertigen. Ich muss mich nicht groß und nicht klein machen. Ich bin, der ich bin. Und das genügt.

Biblischer Impuls

Der Teufel zeigte Jesus alle Reiche der Erde und sagte: Dir will ich alle diese Macht und ihre Herrlichkeit geben; denn mir ist sie verliehen und ich gebe sie, wem ich will. Wenn du mich anbetest, soll sie ganz dein sein. Da entgegnete ihm Jesus: Es steht geschrieben: Du sollst dem Herrn, deinem Gott, huldigen und ihm allein dienen.

(Lk 4,5–8)

Wann gelte ich genug? – Der Versucher will Jesus alle Reiche der Welt geben, wenn er dafür auf die Knie fällt und ihn anbetet. Das heißt, wenn er nicht mehr zu sich selbst steht, sondern sich vor einem anderen Geschöpf niederwirft. Seinen Selbstwert würde Jesus dann nicht mehr in sich finden, sondern von etwas Äußerem her erhalten, von der Macht über die ganze Welt. Letztlich heißt dies: Ich bin selbst gar nichts wert.

Im Märchen bietet der Teufel Geld oder Macht an, wenn man ihm dafür die eigene »Seele« verschreibt. Dann besitzt der Mensch zwar Macht, zugleich aber hat er seine Seele verloren: Seine Identität, sein Ich gehören dem Teufel. Das bedeutet: Nicht mehr ich besitze etwas, sondern ich werde besessen. Ich habe mich selber aufgegeben – und bin dem hörig, was ich anbete. Dieses Motiv aus Märchen und Sagen gilt auch heute noch: Menschen verkaufen sich selbst, um endlich Anerkennung durch andere zu erlangen. Man kann einen Beruf oder eine Aufgabe zu seinem Gott machen. Oder man will nur für andere da sein – und dies auch, um sich unentbehrlich zu machen. Hinter einem positiven Einsatz für andere kann sich freilich eine negative Einstellung zu sich selbst verbergen.

Jesus stellt klar, dass nur die Anbetung Gottes wirklich frei macht. Denn das Schöpfungswort Gottes lautet: »Sei, der du bist!« Gott anbeten heißt, den Schöpfer als meinen wahren Ursprung anzuerkennen und darauf zu vertrauen, dass er mein Leben segnet, also gutheißt. Aus dieser

Anbetung folgt, dass ich mich selbst annehmen kann als Geschenk aus Gottes Hand. Ich brauche weder Titel noch Prestige, um jemand zu sein, sondern ich bin Gottes geliebtes Kind.

Zum Wahrnehmen und Bewähren

Wir möchten gerne gut dastehen und nur unsere hellen Seiten zeigen. In der Wüste kann ich mich auch meinem Schatten zuwenden. Denn auch er gehört zu mir und bildet mich ab, vor allem am Morgen oder Abend, wenn lange Schatten fallen. Der Schatten zeigt nur Umrisse, kein Gesicht.

Ich kann meinen Schatten bewusst anschauen: Welche Schatten werfe ich auf andere? Welche dunklen Seiten sind untrennbar mit mir verbunden?

Dann drehe ich mich um und schaue dem Licht entgegen. Ich sehe den Schatten jetzt nicht mehr, aber er ist immer noch da. Wenn Gott aber das Licht ist, dem ich mich verdanke, dann brauche ich die Schatten nicht zu fürchten. Denn sie gehören zu mir, als Folge des Lichtes, in dem ich mich sonnen darf. Ich darf spüren, dass ich von Gott ganz und gar, mit meinen hellen und dunklen Seiten, angenommen bin.

Denkanstöße

Der Teich in der Wüste

Bei einer Wüstentour hatte sich eine junge Frau von der Gruppe entfernt und fand nicht mehr zum Lager zurück. Stundenlang irrte sie in der weiten Dünenlandschaft umher. Endlich erblickte sie von einer Düne aus eine Oase. Sie sah die grünen Palmen und daneben einen Teich, in dem das Wasser im Sonnenlicht glitzerte.

»Wie grausam die Natur doch sein kann«, murmelte die Frau. »Jetzt, wo ich so kurz vor dem Verdursten bin, spiegelt mir eine Fata Morgana noch eine Oase mit frischem Wasser vor.«

Noch verzweifelter stapfte die Frau weiter und brach schließlich erschöpft zusammen.

Am nächsten Morgen kamen zwei Beduinenfrauen an den Teich, um Wasser zu holen. Sie fanden die junge Europäerin verdurstet im Sand liegen.

»Wie konnte das nur passieren?« frage die eine. »Sie war nur wenige Schritte vom Teich entfernt und ist doch verdurstet!«

Die andere erwiderte: »Sie hat wohl ihren eigenen Augen nicht getraut. Sie hat nicht mehr an sich selbst geglaubt.«

Mündlich überliefert

Energiewende

die Zeiger
meiner Brennstoffreserven
im roten Bereich
mir droht Burn-out
denn ich hänge am Tropf
externer Energiequellen
ich bin meine Funktion
ich bin meine Stellung
ich bin meine Leistung

du aber
göttlicher Dornbusch
brennst und
verbrennst doch nicht
regenerative Energie
fließt aus dem
ich bin
der ich bin
der ich bin

Gefährten der Wüste

In der Ödnis erlebt man Gemeinschaft besonders intensiv. Ich war manchmal zu zweit, aber auch schon in größeren Gruppen in der Wüste unterwegs. Bei solchen Touren ist man nicht nur einer ungewohnten Landschaft ausgesetzt, sondern auch den Gewohnheiten und dem Charakter der Gefährten. Wenn man in der Enge eines Fahrzeugs eingepfercht ist, so kann man sich auch leicht auf die Nerven gehen, denn es gibt kaum Möglichkeiten, sich vor den anderen zu verstecken. Die Rollen, die man sich daheim zugelegt hat, spielen in der Weite der Wüste keine Rolle mehr. Wenn die Masken der Zivilisation gefallen sind, können wir uns ins Gesicht sehen. Das ist manchmal enttäuschend, weil Idealisierungen zerbröseln.

Im gemeinsamen Wandern ohne Ausweichspuren spüren wir die anderen, ihren Charakter, ihre Gefühle, ihre Muster. Wir reiben uns an ihren Macken und Marotten, aber freuen uns auch an den Gaben und Eigenschaften, die manchmal unerwartet und beglückend auftauchen. Wenn etwa jemand die Gestirne erkennen und benennen kann oder eine gerissene Zeltplane wieder zusammenflickt. Wenn jemand seinen letzten Vorrat an Trockenfrüchten aus der Tasche holt und teilt. Das Originelle und Urige kommt zum Vorschein, aber auch das Unleidliche. Wir können einander nicht ausweichen und so wachsen wir zusammen.

Besonders in bedrohlichen Situationen wird erlebbar, was Kameradschaft bedeutet. Wenn man gemeinsam schwitzen muss, das schweißt zusammen. Ich durfte in der Wüste erleben, dass ich mich auf die anderen verlassen kann; dass sie mir einen Fehler nicht nachtrugen; ich konnte mich öffnen und Persönliches, das mich in der Stille der Wüste zu bedrängen begann, mit ihnen teilen. So wuchs inmitten einer ausgedorrter Landschaft eine Freundschaft heran.

Wenn ich mit Beduinen unterwegs war, so bewunderte ich ihre Aufmerksamkeit und ihre Gastfreundschaft. Denn das waren wir: Gäste in ihrem Land, die man mit Achtung und Großzügigkeit aufnahm. Mich der Führung eines Einheimischen zu überlassen, war eine gute Vertrauensübung. Ich musste mir jetzt keine Gedanken mehr machen über Wege, Wasser und Nahrung. Ich bewunderte diesen Naturburschen, der in der Wüste ganz daheim war und über Fähigkeiten verfügte, die uns die Kultur abgewöhnt hatte: ein feiner Orientierungssinn, ein Gespür für Gefahren, eine herzliche Offenheit uns Fremden gegenüber. In der Einsamkeit der Wüste freut man sich über jeden Menschen.

Biblischer Impuls

Dann führte der Teufel Jesus nach Jerusalem, stellte ihn auf die Zinne des Tempels und sagte zu ihm: Wenn du Gottes Sohn bist, stürz dich von hier hinunter; denn es steht geschrieben: Seinen Engeln wird er deinetwegen Befehl geben, dich zu behüten, und: Auf den Händen werden sie dich tragen, damit du deinen Fuß nicht an einen Stein stößt. Jesus antwortete ihm: Es heißt: Du sollst den Herrn, deinen Gott, nicht versuchen.

(Lk 4,9–12)

Wann werde ich genug geliebt? – In der Wüste wird Jesus mit der Versuchung konfrontiert, sich der Zuwendung Gottes zu versichern. Hier begegnet uns die Versuchung, uns der Zunwendung Gottes zu versichern. Denn wer weiß: Vielleicht meint es Gott am Ende doch nicht gut mit mir? Vielleicht bin ich in seiner Hand nur ein Spielball, den er irgendwann fallen lässt? Solches Misstrauen mündet in Erpressung: Wenn du das und jenes nicht tust, dann liebst du mich nicht mehr!

Dagegen stellt Liebe, die diesen Namen verdient, weder Forderungen noch Bedingungen. Natürlich kennt jeder Mensch das bange Fragen, ob die Liebe des andern echt und von Dauer ist. Und doch: Einer Liebe kann man nur glauben.

Jesus erinnert sich in der Trockenheit der Wüste an die

Zusage, die er im erfrischenden Wasser des Jordan so hautnah erlebt hatte: Die Taufe hatte ihn als ein Geschenk überströmt, ohne Vorleistung und Bedingung. In der Kraft dieser Erinnerung widersteht er der Versuchung, von Gott einen Liebesbeweis zu fordern. Er stürzt sich nicht vom Tempel. Er hält die Unsicherheit aus, die der Glaube an Gott mit sich bringt. Manchmal muss auch ich zögernd und zweifelnd meinen Weg weitergehen in der Hoffnung, dass Gott mich begleitet, auch wenn ich ihn nicht spüre. Um dann am Ende sagen zu können: Ich habe seiner Liebe geglaubt!

Zum Wahrnehmen und Bewähren

Aus dem Abstand heraus sieht man vieles anders. Der Maler eines großen Frescos muss ab und zu ein paar Schritte zurücktreten, um die großen Linien und das Ganze seines Kunstwerks wieder in den Blick zu bekommen. Wo es um das Kunstwerk meines Lebens geht, muss ich mir gelegentlich Abstand vom unmittelbaren Geschehen verschaffen. Wenn ich mit der Nase zu nah dran bin, kann ich die größeren Linien nicht mehr sehen. Das gilt auch für unsere Beziehungsnetze. Wenn wir mittendrin sind, können wir manche Entwicklungen nicht mehr wahrnehmen. Hier in der Wüste kann ich aus dem Abstand heraus an die Menschen denken, die mir wichtig sind: Ich habe sie für eine bestimmte Zeit zurückgelassen. Mir kann jetzt klarer werden, welche Beziehungen sich intensiviert haben und welche unbedeutend geworden sind. Unter Umständen wächst der Wunsch, nach der Wüstenreise jemandem zu sagen, wie wichtig sie oder er mir ist.

Denkanstöße

Man vergisst in den Städten, was eigentlich ein Mensch ist. Er wird auf seine Funktion reduziert: wird zum Briefträger, zum Verkäufer, zum Nachbarn, der einen stört. Tief in der Wüste entdeckt man am ehesten, was ein Mensch ist.

Antoine de Saint-Exupéry

Immer wieder loben die Mönche das Schweigen. Das Schweigen ist für sie der Weg, sich selbst zu begegnen, die Wahrheit des eigenen Herzens zu entdecken. Schweigen ist aber auch der Weg, frei zu werden vom ständigen Beurteilen und Verurteilen der andern. Wir sind ja immer in Gefahr, jeden Menschen, dem wir begegnen, zu bewerten, einzuschätzen, zu beurteilen. Und oft genug finden wir uns dabei wieder, dass wir ihn verurteilen und richten. Schweigen aber hindert uns zu richten. Es konfrontiert uns immer wieder mit uns selbst. Es verbietet uns den Weg, unsere Schattenseiten auf die andern zu projizieren.

Anselm Grün

Gastfreundschaft

deine Arme
weit ausgebreitet
zum Empfang

dein Ohr eine Tür
dein Herz ein Haus
dein Haus ein Licht
und deine Augen leuchten
wie eine ins Fenster
gestellte Kerze
ich wärme mich auf
an deinem Blick
eine Nacht lang
findet das einsame Streunen ein Ende
an einem gedeckten Tisch
du hast mich schon immer erwartet
bei dir
endlich angekommen
bei mir
im Aufbruch
schaust du mir länger nach
als deine Augen reichen

deine Arme
weit ausgebreitet
zum Segnen

Neu
ausrichten

Durststrecken

Die Wüste schafft Abstand vom Alltag der Städte. Zugleich gibt sie uns einen neuen Lebensrhythmus vor: Ihr Takt entspricht nicht unserem gewohnten Alltagstempo. Daheim geht alles Schlag auf Schlag: Da gibt es kaum Pausen zwischen den verschiedenen Verpflichtungen. Alles ist eng getaktet.

Doch die Wüste hat ihren eigenen Zeitrhythmus. Und in der weiten, kargen Wüste gibt es nur wenige herausragende Orientierungspunkte. Ich habe den Eindruck, dass ich trotz kräftigen Ausschreitens nicht vorankomme. Der Horizont weicht immer weiter zurück. Kein Wort, kein Geräusch, kein Klang durchbricht das eintönige, gleichmäßige Knirschen des Schuhwerks im Sand oder Geröll. Der Abstand von Brunnen zu Brunnen dehnt sich ins schier Unüberwindliche. Zwischen den Oasen erwarten uns die Durststrecken. Die Kehle wird trocken, die Zunge zu einem Klumpen, der Geschmack im Mund widerwärtig. Wenn der letzte Tropfen aus der Feldflasche getrunken ist und der nächste Brunnen noch unerreichbar weit scheint, beginnt die Kehle grausam zu brennen. Das mühsame Vorwärtsgehen, ermüdet und erschöpft, erfordert Tapferkeit. Im Aussichtslosen kann ich das Ziel nicht mehr sehen. Jetzt muss ich an das Unsichtbare glauben, um nicht resigniert stehen oder liegen zu bleiben. Jetzt heißt es: den Durst aushalten und durchstehen. Davonlaufen geht nicht: Wohin denn? Hier wartet kein Taxi, das mich zur nächsten Ortschaft bringen könnte. Die Ödnis muss bestanden werden.

Wenn man den »point of no return« einmal überschritten hat, gibt es kein Zurück mehr.

Genau genommen setzt sich das ganze Leben aus »points of no return« zusammen. Wir können die Zeit nie mehr zurückdrehen. Auch wenn wir in einer Beziehung wieder »von vorn anfangen«, so haben wir uns dennoch im Laufe der Zeit verändert und beginnen nicht mehr wie »damals«.

Im Weitergehen durchstreife ich auch meine inneren Wüsten. In mir gibt es unwirtliches, verwüstetes Land. Unerfüllte Hoffnungen oder zerstörtes Vertrauen haben in meiner Seele verbrannte Erde zurückgelassen. Nach solchen Enttäuschungen kam ich mir ausgetrocknet vor, vom Leben abgeschnitten, verdorrt. Mein innerer Garten war verwüstet, und ich wusste nicht, ob ich diese Durststrecke bestehen könnte. In dieser inneren Wüste war ich mutterseelenallein. Durch den Sand watend spürte ich die inwendige Dürre. Ich nahm die heiße Luft wahr, die ich in ruhigen Zügen einatmete. Wie vieles von dem, was ich schon geredet habe, war auch bloß heiße Luft … Jetzt suche ich nach einem Wort, das mich trägt: »Gott, du mein Gott, gar sehnlich suche ich dich; es dürstet nach dir meine Seele. Nach dir verlangt mein Leib gleich einem dürren, lechzenden Land ohne Wasser.« (Ps 63,2)

Mir kommt ein Gesang aus Taizé auf die Lippen, der sinngemäß Folgendes sagt: »Nachts sind wir auf dem Weg zur Quelle. Das einzige, was uns den Weg erleuchtet, ist unser Durst.« Vielleicht ist unsere Sehnsucht, unser Heimweh, unser Durst nach Liebe so etwas wie ein Sinnesorgan, das uns mitten in der Wüste näher zu Gott führen kann?

Biblischer Impuls

Der Prophet Elija ist nach der großen Auseinandersetzung mit den Propheten, die dem Gott der Fruchtbarkeit Baal dienen, in die unfruchtbare Wüste geflüchtet. Er hat gewalttätig gewütet und sich dadurch den Zorn des Königshauses zugezogen.

Elija geriet in Angst, machte sich auf und ging davon, um sein Leben zu retten. Als er nach Beerscheba ... kam, ... ging er einen Tagesmarsch weit in die Wüste hinein. Als er so weit gekommen war, ließ er sich unter einem Ginsterstrauch nieder, wünschte sich den Tod und sprach: Nun ist es genug, Herr! Nimm meine Seele hin; ich bin ja nicht besser als meine Väter! Dann legte er sich hin und schlief ein. Auf einmal berührte ihn ein Engel und sprach zu ihm: Steh auf, iss! Als er hinblickte, sah er neben seinem Kopf einen gerösteten Fladen und einen Krug Was-

ser. Er aß und trank und legte sich wieder schlafen. Aber der Engel des Herrn kam zum zweiten Mal, berührte ihn und sprach: Steh auf, iss! Denn sonst ist der Weg zu weit für dich! Da stand er auf, aß und trank und wanderte in der Kraft jener Speise vierzig Tage und vierzig Nächte bis zum Gottesberg Horeb. (1 Kön 19,3–8)

Zum Wahrnehmen und Bewähren

Wenn es mühsam wird und mich Gedanken oder Gefühle bedrängen, dann kann ich dem Beispiel der Wüstenväter folgen und mir ein Wort oder einen kurzen Satz suchen, den ich im Atemrhythmus wiederhole. Die Eremitinnen und Eremiten nannten diese Übung *ruminatio*: Das wiederkäuende und murmelnde Wiederholen eines einfachen Satzes, der mir Kraft und Halt geben kann.

Wenn ich etwa Traurigkeit spüre, dann kann ich beten: »Gott, sei du mein Trost!« Oder in der Müdigkeit: »Gott, du meine Kraft!« Die Mönche wiederholten oft nur den Namen »Jesus« oder den Satz »Jesus, Sohn Davids, erbarme dich meiner«, weil mit diesem Namen die Erinnerung an das Evangelium in ihnen aufstieg: Die frohe Nachricht, dass Gott in Jesus den Menschen berühren, heilen, trösten will. Diese Gebetsform eignet sich auch gut fürs Gehen: Ich achte auf meinen Atem und lege dann die Worte in den Atemrhythmus, so dass die Wiederholung fast von selbst geschieht. Und wenn ich dann wieder von unguten Gedanken eingeholt werde, so kann ich jederzeit zu dem Satz zurückkehren, den ich auf den Lippen trage.

Denkanstöße

Im Blick auf Gott werde ich inne, dass ich Geschöpf bin, das heißt dass ich nichts von mir aus habe, sondern leer bin, nackt und darauf angewiesen, alles von Gott her zu empfangen, wie ein leeres Gefäß, das darauf wartet, gefüllt zu werden ...

Das Gebet stillt nicht einfach unseren Durst nach Erfüllung unseres Lebens durch Gott, es vergrößert ihn; erst im Reich Gottes wird unser ungestilltes Verlangen seine Erfüllung finden. Bis dahin heißt es, in der Haltung des Glaubens immer wieder Gott im Schweigen und im Einhalten vom Tun zu suchen, ohne ihn je ganz finden zu können ...

Die Wahrheit unseres Lebens: dass wir Menschen sind, die hungern und dürsten nach Gott, solange sie unterwegs sind, und dass es gilt, solchen Hunger und Durst nicht mit fadenscheinigen Ersatzbefriedigungen zu stillen, sondern auszuhalten in unserer armseligen Verwiesenheit auf Gott.

Gisbert Greshake

Vergänglich

Wie schnell hat der Wind meine Spuren verweht.
So tief ich auch in den Sand sinke,
so schnell schließt der Wind
die Wunden der Dünen wieder.
Als wäre nichts gewesen.
Als hätte nie ein Mensch diese Landschaft betreten.
Was bleibt zurück, wenn wir gegangen sind?
Welchen Ein-Druck hinterlassen wir?
Der Wind reißt unsere Worte weg
und weht sie mit dem Sand in die Weite.
Es bleibt die Stummheit der Landschaft
und die unendliche Sehnsucht,
auch ohne Spuren heim zu finden.

Oasen und Brunnen

Ein unvergessliches Bild: Zwischen ockerfarbenen Dünen tauchen die grünen Wipfel von Palmen auf. Wie Fahnen winken die Fächer der Dattelpalmen mich näher und meine Augen können sich an dem frischen, leuchtenden Grün nicht sattsehen. Nach tagelangem Marsch durch das Einödland empfängt mich die Oase mit einer Vielzahl von Pflanzen, Tieren und Menschen. Die Monotonie der Stille wird abgelöst durch den dröhnenden Lärm von Fahrzeugen, das Bellen der Hunde, das Rufen spielender Kinder. Welch ein Gegensatz zwischen der eintönigen Wüste und der vielstimmigen Oase. Zwischen den ausgemergelten Sandflächen und den blühenden Gärten.

Die Existenz einer Oase gründet auf Grundwasser, ob es eine Quelle ist, ein Brunnen oder ein Teich, in dem das unterirdisch fließende Wasser zutage tritt. Ich trinke das kühle Wasser aus dem Brunnen: Wie anders schmeckt es im Vergleich mit dem abgestandenen, warmen Wasser meiner Trinkflaschen! Ich genieße das lebendige Wasser, spüre seine erfrischende Kühle, erfreue mich an seiner Klarheit.

Mir fällt ein Bild aus der Bibel ein: Der Prophet Jeremia beschreibt die Beziehung zu Gott als Quelle, die jeden Augenblick neu aufsprudeln will. Wir dagegen wollen aus Zisternen leben, die wir kontrollieren. Diese Zisternen freilich sind rissig und können das Wasser nicht halten. (vgl. Jer 2,13)

In der Wüste wird mir besonders deutlich, dass alles ein Geschenk ist: mein Leben, die Gesundheit, die Beziehungen zu meinen Mitmenschen. Manchmal aber spüre ich die Angst, all das könnte mir nicht mehr geschenkt werden. Und so will ich mich dieser Geschenke versichern. Die Dynamik eines Geschenkes, das mir zufließt, wird dadurch statisch: Ich behandle das Geschenk so, als ob es mir gehören würde. Ich mache mich zum Gebieter, der das Geschenk kontrollieren will oder sogar einfordert. Es gehört freilich zum freien Charakter des Geschenkes, dass es manchmal gegeben, doch nie selbstverständlich ist.

Ganz deutlich wird mir das beim Blick auf Freundschaften: Nehme ich den Freund, die Freundin in Besitz, habe Ansprüche und klage ein? Oder lebe ich eine Freundschaft als freies Geschenk, das mir zufließt, immer neu? Kann ich den Schmerz leben, dass Erwartungen enttäuscht werden und Erhofftes nicht (mehr) gegeben wird? Kann ich immer wieder loslassen, um mich neu beschenken zu lassen?

Am Brunnen in der Wüste wird mir klar: Ich habe keine Vorratsbehälter für Liebe und Beziehung. Es gibt keine Freundschaft aus Konserven. Liebe ist eine lebendige Quelle, die von Augenblick zu Augenblick neu aufsprudelt. Ich kann nicht nach Gutdünken den Hahn auf- oder abdrehen, sondern nur die Hände unter das fließende Wasser halten – in der Hoffnung, dass sich diese Quelle nicht erschöpft. »Das Unersättliche kann sich nur an den Unerschöpflichen wenden«, hat der Dichter Paul Claudel geschrieben. Nur Gott ist die Quelle lebendigen Wassers, die nie versiegt.

Biblischer Impuls

Was kann uns Menschen inneren Halt geben? Wir erleben uns als wertvoll, wenn wir uns geliebt fühlen: Ich bin jemand, weil ein anderer mich mag und wertschätzt. Das Gefühl des Angenommen- und Geliebtseins ist wie eine Quelle, aus der unser Selbstvertrauen und unsere Beziehungsfähigkeit entspringt.

Das Bild der inneren Quelle gebraucht auch Jesus, als er mit einer ausländischen Frau ein ehrliches und zugewandtes Gespräch führt. Er verspricht eine Beziehung, die im Innern eines Menschen zur sprudelnden Quelle wird. Wenn sich diese Frau geliebt fühlt, braucht sie sich nicht mehr über ihre zweifelhaften Beziehungen zu definieren.

Da kam eine samaritische Frau, um Wasser zu schöpfen. Jesus sagte zu ihr: Gib mir zu trinken! Seine Jünger waren nämlich in die Stadt gegangen, um Lebensmittel einzukaufen. Da sagte die Samariterin zu ihm: Wie kannst du, ein Jude, von mir, einer Samariterin, zu trinken verlangen? Juden verkehren nämlich nicht mit den Samaritern. Jesus antwortete ihr: Wenn du die Gabe Gottes kennen würdest und wer es ist, der zu dir sagt: Gib mir zu trinken!, dann hättest du ihn gebeten, und er hätte dir lebendiges Wasser gegeben. Sie sagte zu ihm: Herr, du hast kein Schöpfgefäß, und der Brunnen ist tief. Woher hast du also das lebendige Wasser? Du bist doch nicht größer als unser Vater Jakob, der uns den Brunnen geschenkt und selbst daraus getrunken hat samt seinen Kindern und seinen Herden? Jesus antwortete ihr: Jeder, der von diesem Wasser trinkt, wird wieder Durst bekommen. Wer aber von dem Wasser trinkt, das ich ihm geben werde, wird in Ewigkeit nicht mehr Durst haben; vielmehr wird das Wasser, das ich ihm gebe, in ihm zu einer Quelle werden, deren Wasser in das ewige Leben sprudelt.

(Joh 4,7–14)

Zum Wahrnehmen und Bewähren

Ich suche einen Platz in der Nähe eines Brunnens. Oder ich erinnere mich an einen Brunnen, den wir in den letzten Tagen besucht hatten. Ich kann Wasser schöpfen und seine Frische genießen.

Fragen, denen ich mich dann zuwenden kann:
* Aus welchen Quellen lebe ich?
* Wann sprudelt es in mir? Welche Beziehungen lassen mich meine Lebendigkeit spüren?

* Wann fließt mir Energie zu? Aus welchen Beziehungen kann ich Energie schöpfen und welche erschöpfen mich?

* Wie der Körper auf die Nahrung angewiesen ist, so wird die Seele von der Freude gesättigt.

* Was erfüllt mich mit Freude? Was macht nicht nur Spaß, sondern lässt mir eine tiefe Freude zufließen, die mir dann Kraft und Ausdauer schenkt?

Denkanstöße

Ich habe die Wüste immer geliebt. Man setzt sich auf eine Sanddüne. Man sieht nichts. Man hört nichts. Und währenddessen strahlt etwas in der Stille. »Es macht die Wüste schön«, sagte der kleine Prinz, »dass sie irgendwo einen Brunnen birgt.«

Antoine de Saint-Exupéry

Den wahren Geschmack des Wassers erkennt man in der Wüste.

Jüdisches Sprichwort

Durst nach Wüste

die Wüste hat's dir angetan
unhörbar lockt ihr Fernruf
dich aus innerer Enge
in die Weite des Sandes

im großen Schweigen der Landschaft
gelten keine Parolen mehr
und alles Laute in dir verstummt
Reinigung der Lärmverschmutzung

die Stille heilt alle Wortwunden
das zerrissene Trommelfell
wächst wieder zusammen
dein Ohr findet wie nach Hause

und du beginnst zu hören
dass das Lautlose keine Leere ist
das Schweigen ist vielmehr bewohnt
von einem leisen Geheimnis

das auf dich wartet
und in dir erwacht
unstillbar der Durst
nach Gott

Der unfassbare Gott

Das Volk Israel hat seinen Gott in der Wüste kennenge-
lernt. Er unterscheidet sich von den Göttern Ägyptens oder
des Landes Kanaan, die nach den Zyklen der Fruchtbarkeit
funktionieren. Das alte Ägypten kannte beispielsweise den
Mythos von Isis und Osiris. Mit der Ermordung von Osiris
kommt es zu Dürre und Unfruchtbarkeit. Isis weckt Osiris
von den Toten auf und das Land blüht wieder auf. Frühling
und Herbst wechseln sich ab – in Lebenskreisläufen, die
sich wiederholen und deren Ursache man den Göttern zu-
schrieb.

In der Wüste sieht es anders aus: Es gibt keine vorher-
sagbare Wiederkehr einer fruchtbaren Jahreszeit, sondern
das spärliche Leben bleibt ein überraschendes Geschenk.
Ebenso der Brunnen, die Quelle, die Oase. In der Wüste
erfährt man keinen berechenbaren Gott, sondern das un-
erwartete Hereinbrechen seiner Gegenwart, die aufblitzt,
um sich dann auch wieder zu entziehen.

Diese Erfahrung macht schon das Volk Israel in der
Wüste. Mose darf Gott schauen, aber nicht von Angesicht
zu Angesicht, sondern nur von hinten – sozusagen vorü-
bergehend. Alle fixierten Statuen und Götterbilder sind
verpönt. Hier erfahren die Israeliten, dass Gott ganz anders
ist: Er wohnt nicht in einem Tempel. Vielmehr zieht er mit
seinem Volk durch das karge Ödland. Nur die heilige Stifts-
hütte – ein Zelt, das schnell abgeschlagen und anderswo

wieder aufgebaut werden kann, erinnert an Gottes Gegenwart. Auf dem Weg ins Gelobte Land zeigt sich Israels Gott Jahwe als ein Gott der Wüste. Wie ein Sturm – hörbar und doch unfassbar; wie das Firmament – bergend und doch unendlich weit; wie eine Wolke – sich zeigend und verhüllend zugleich. Er ist greifbar nahe und unbegreiflich fern.

Der Gott, den Judentum, Christentum und Islam verehren, zeigt sich also dadurch, dass er sich entzieht. Das göttliche Geheimnis, das unaussprechlich ist, kann nicht in Worte oder Bilder gepresst werden. Der letzte Name Gottes ist verborgen und unaussprechlich. So muss der Betende am Ende verstummen. Es bleibt die Anbetung Gottes – im Schweigen.

Die Stille und Ödnis der Wüste wurde für die Mystiker zum Bild für den uns Menschen unfasslichen Gott. Denn die unermessliche Weite der Wüste sprengt unsere Maßstäbe. In der Unbegrenztheit dieser Landschaft kann uns aufgehen, dass Gott der immer größere ist, der »Transzendente«, der alles »übersteigt«.

Nach einem Wort von Meister Eckhart ist nichts im Universum Gott ähnlicher als die Stille. Wer alle Bindung an die Dinge loslässt, kann Gelassenheit erfahren. Diese Haltung befreit den Menschen vom Wahn, sein Leben selber leisten zu wollen. In seinem eigenen Innern zieht er ein in die »stille Wüste der Gottheit«.

Ähnlich wie die Wüste ist Gott ein *mysterium tremendum et fascinosum*, ein Geheimnis, das erschaudern lässt und zugleich fasziniert und anlockt. Die großen Gegensätze: Leben und Tod, Abenteuerlust und Angst, Einsamkeit und Nähe, sie machen die Wüste zur privilegierten Landschaft, um vor dem Geheimnis Gottes zu erschauern und zu erstaunen zugleich.

Biblischer Impuls

Wenn in der Bibel von Wüste die Rede ist, so meint dies ursprünglich nicht die »Sandwüste«. Der entsprechende hebräische Ausdruck besagt vielmehr so viel wie »Verlassen-Sein«, Einsamkeit, Öde – oder sogar: »die Schauderhafte«. Der Begriff der Wüste bezeichnet daher den Ort, wo der Mensch nicht mehr in menschlicher Gemeinschaft geborgen, sondern direkt dem Unbewältigten der Natur und vielfältigen Gefahren ausgesetzt ist. Auch das lateinische *desertum* meint den Ort, den man verlassen hat und den man meidet.

Wenn in der Bibel sich Gott vornehmlich in der Wüste offenbart, so wird deutlich, dass er kein niedlicher und zahmer Gott ist, sondern unbegreiflich, fremd, verstörend, unfassbar. Damit bleibt deutlich, dass Gott der immer größere ist, der weder in Bildern gebannt noch in Begriffen gefasst werden kann:

Bin ich ein Gott nur aus der Nähe – Spruch des Herrn – und nicht vielmehr ein Gott aus der Ferne? (Jer 23,23)

Zum Wahrnehmen und Bewähren

Ich lasse die Wüste mit ihrer unverstellten Weite auf mich wirken. Ich sehe die Leere der Landschaft, die trostlose Ödnis ohne Abwechslung. In der Ferne verschwimmt der Horizont. Ich versuche, diesen Eindruck in meinem Inneren wiederzufinden: Eine Leere ohne Bilder, eine Weite ohne Begrenzung. Ich bleibe in diesem inneren Leerraum. Wenn Bilder oder Erinnerungen auftauchen, so lasse ich sie weiterziehen. Die Leerstelle, die sich in mir auftut, kann mich etwas von der unfasslichen, wortlosen, bildlosen Wirklichkeit Gottes erahnen lassen.

Denkanstöße

Die Wüste beantwortet keine Fragen. Sie fordert zum Bestehen, zum Aushalten, zum Verweilen, zur Beharrlichkeit und zum Bleiben heraus. Sie stellt Fragen nach den Quellen des Lebens, nach dem Orientierungssinn, aber auch nach Abhängigkeiten und Klebrigkeiten.

Sie lockt in die Einsamkeit, in die Intimität der Beziehung, in die ausgesetzte, ungeschützte Transparenz vor Gott.

Gisbert Greshake

In der Mystik wurde Gott selbst zur Wüste, um auszudrücken, dass menschlich nichts von Gott zu sagen ist: »Gott ist so unfassbar wie die Wüste«. Wie sich in der Wüste die Spur eines Menschen im Sand sofort wieder verliert, so lässt sich auch Gott im Äußerlichen nicht fassen. Nur in Meditation und Kontemplation lässt sich das äußerlich Unfassbare erahnen.

Daniel Hell

In der Stille liegt die größte Offenbarung.

Laotse

manna

erst das fressen
dann die religion

irgendwann jedoch wird man
selbst des mannas überdrüssig
die gebratenen wachteln
bleiben im halse stecken

der stab der einst
im felsenmeer das wasser fand
schlägt als wünschelrute
sehnsuchtsvoll nach oben aus

in allen wüsten
nährt auf dauer
nur der hunger
nach gott

Die Wüste in der Großstadt

Der Weg aus der Wüste führt wieder in den Alltag zurück. Doch die Eindrücke und Spuren, welche die Wege durch die Wüste in mir hinterlassen haben, können und sollen mein Weitergehen prägen. Wenn das Außergewöhnliche das Gewohnte nicht verwandelt, war es nur ein Event, ein flüchtiges Highlight, ohne Tiefgang und Nachhaltigkeit.

Die Dimensionen der Wüste, die in diesem spirituellen Wegbegleiter aufgezeigt wurden, entsprechen menschlichen Grunderfahrungen. Sie begleiten uns – ob wir uns in der Kargheit der Wüste oder im Überfluss der Konsumstädte aufhalten. Allerdings: Was sich in einer leeren, weiten, stillen Landschaft so eindrücklich zeigen konnte, wird im glitzernden Licht und Lärm der großen Städte überlagert. So wie der Sternenhimmel, der nachts auch über hell erleuchteten Straßen steht, doch gegen die Übermacht der künstlichen Beleuchtung nicht bis zu uns durchdringen kann.

Dennoch kann ich den Zauber der Natur auch in der Großstadt erleben: Mitten in der Stadt singt morgens eine Amsel. Ich muss mir nur einen Moment der Stille gönnen, um sie zu hören! Blühende Bäume, spielende Kinder, ein Konzert, der Gottesdienst mit der Gemeinde, der Gruß von Arbeitskollegen – in all dem kann ich das Wunder des Lebens und der Freundschaft entdecken. Es braucht dazu allerdings Aufmerksamkeit und das Dasein in der Gegenwart.

Auch die bedrohliche Seite der Wüste kann mir mitten im Alltag begegnen. Auf manchem Gesicht stehen Trauer und Einsamkeit geschrieben. Jemand erzählt mir von seiner Krankheit und der Angst, die ihn verfolgt. Und immer wieder das Scheitern: Eigene Pläne und Projekte verlaufen im Sand; Schicksalsschläge und der Tod sind auch in einer modernen und nach Perfektion strebenden Welt allgegenwärtig – wenngleich oft verborgen und versteckt.

Inmitten meiner Stadt finde ich meine Wüste, mit ihrer Schönheit und ihrem Schrecken. Wenn ich aufmerksam lebe, dann kann mir im Wunderbaren und im Zerbrechlichen das Geheimnis der Welt begegnen, das ich mit dem Namen »Gott« in Verbindung bringe. So bietet der Weg durch die kleinen Müh-Seligkeiten des Alltags die Chance, den Weg nach innen freizulegen und dort, in der eigenen Tiefe, den Gottesbrunnen zu finden.

Was hilft mir, diesem Geheimnis in meinem Alltag auf der Spur zu bleiben? Meine Ordensgemeinschaft der »Kleinen Brüder« (inspiriert von Charles de Foucauld) schlägt mir eine Regel vor: Jeden Tag eine Stunde Stille, einmal im Monat einen »Wüstentag« und einmal im Jahr eine Woche des Schweigens. Und wenn mir am Tag keine Stunde möglich ist, so vielleicht wenigstens 15 Minuten: Kann ich mir nicht jeden Tag eine Viertelstunde »Wüstenzeit« schenken lassen? Etwa ein kleiner, aufmerksamer Spaziergang, bei dem ich versuche, ganz gegenwärtig zu sein: Ich höre auf die Geräusche der Umgebung und sehe, was mir am Wegrand begegnet. Ich bleibe stehen, rieche, lausche, atme bewusst einmal durch. In solchen geschenkten Augenblicken kann ich meinen Alltag als den Ort erfahren, an dem Gott auf mich wartet. Im Innehalten erschließen sich die inneren Quellen. »Darum will ich dich in die Wüste führen und dir zu Herzen reden.« (vgl. Hos 2,16)

Biblischer Impuls

Als Jesus in sein Heimatdorf Nazaret kommt, sind die Leute dort verwundert:

Ist das nicht der Zimmermann, der Sohn der Maria und der Bruder von Jakobus, Joses, Judas und Simon? Sind nicht seine Schwestern hier bei uns? Und sie nahmen Anstoß an ihm.

(Mk 6,3)

Die christliche Botschaft, dass Gott sich in einem ganz konkreten Menschen gezeigt hat, klingt skandalös. Zugleich aber befreit der Glaube an Jesus Christus als den menschgewordenen Sohn Gottes von den überhöhten Ansprüchen, dass man Gott nur an besonderen Orten finden könne. Man braucht keine weiten Wallfahrten zu besonderen Heilern zu unternehmen oder sich in karge Ashrams zu flüchten. Christlich gesehen ist das ganz normale menschliche Leben das bevorzugte Gelände, in dem Gottes Spuren zu finden sind. Der gewöhnliche Alltag mit seinen kleinen Freuden, aber auch mit seinen mühsamen Seiten ist »heiliger Boden«, auf dem Gott den Menschen begegnen will.

Zum Wahrnehmen und Bewähren

Folgende Fragen können mich nach meiner Rückkehr im Alltag begleiten:

* Welche Erfahrungen aus der Wüste klingen noch nach?
* Wie wirken sie sich auf meinen Alltag aus?
* Worauf möchte ich besonders achten?
* Welche Erfahrungen kann ich anderen weitergeben?
* In welchen spirituellen Elementen können die Erfahrungen aus der Wüste weiterleben?

Denkanstöße

Ein wichtiger Impuls, den Charles de Foucauld der christlichen Spiritualität gab, war der Hinweis auf »Nazaret«: Charles war sehr davon betroffen, dass Gott in Jesus von Nazaret ein einfaches Leben als Handwerker gewählt hat, um in der Welt der kleinen Leute präsent zu sein. Dem Beispiel Jesu folgend wird der gewöhnliche Ort der Arbeit und des Alltags zum privilegierten Raum, um Gottes Nähe zu erfahren:

Nazaret ist die Zeit, die man in Selbstlosigkeit im Gebet verbringt, eine Zeit, die keinen Zweck erfüllt. Nazaret ist auch die Zeit der Arbeit, der Begegnung mit den Nachbarn, Zeit des Zuhörens und der Kommunikation.

Marianne Bonzelet

nazaret

im graubunten
galiläer allerlei
monotones hinundher
treppauftreppab
jahrausjahrein

das leben pulsiert im rhythmus
von hammer und säge
die hobelspäne der zeit
fallen auf den boden
der normalität

inmitten dieser symphonie
aus eintönigkeiten
völlig unspektakulär
das göttliche
präsent

Zum Schluss:
Gönn dir einen Wüstentag!

Auch im Alltag und in den Betonwüsten der Städte kann man wichtige Elemente der spirituellen Wüstenerfahrung wiederfinden. Hier ein paar Hinweise, um eine solche Zeit zu leben.

Ein Wüstentag bedeutet: Ich versuche, einen ganzen Tag lang mir mir allein in der Stille zu sein. Vielleicht kann ich mich in ein Kloster zurückziehen, wo ich für mich ein Zimmer habe und das Alleinsein genießen kann. Oder ich mache einen langen Spaziergang. Es sollte keine stramme Wanderung sein und es sollten auch keine touristischen Ziele angestrebt werden. Empfehlenswert ist die Mitnahme eines einfachen »Vespers«, das ich dann an einem ruhigen Ort langsam und aufmerksam zu mir nehmen kann. Vielleicht findet sich unterwegs eine Kapelle oder eine Kirche, in der ich eine längere Zeit in Stille beten kann.

Mir hilft, vor dem Loslaufen einen Psalm zu beten oder ein Evangelium zu lesen. Diese Worte im Ohr ziehe ich los. Manchmal hilft mir auch ein Gedanke aus einem spirituellen Buch. Ich vermeide aber, ein ganzes Buch zu verschlingen, sondern nehme einen Gedanken auf und dann mit in den Tag.

Ich kann mich beim Spaziergang auch von einer Frage bewegen lassen:

* Was hat mich in der letzten Zeit besonders gefreut?
* Welche schweren Erfahrungen schleppe ich noch mit
  mir herum?
* Wann habe ich mich mehr ausgetrocknet und wann le-
  bendig und sprudelnd gefühlt?
* Gab es Durststrecken und welche Brunnen oder Oasen
  haben mich gestärkt?
* Hat mich Gott mitten in meinem Alltag angesprochen?

Was tun, wenn der Wüstentag die eine oder andere Stunde
dürr und unfruchtbar bleibt, wenn Langeweile und Un-
mut aufkommen? Dann ist es an der Zeit, mich zu fragen:
Warum halte ich das bisschen »Wüste« (Wüste in mir
selbst) nicht aus? Gerade dann kann es wichtig sein, in der
Stille zu bleiben und die innere Trockenheit zu ertragen.

Selbst wenn es mühsam war, ein paar Stunden in der
Stille zu bleiben, so merke ich am Ende oft, dass sich in mir
etwas verändert hat. Ich habe Abstand gefunden vom Alltag und den vielen bedrängenden Dingen, die mich vorher
beschäftigten. Ich bin etwas entspannter und gelassener.

Ich kann den Wüstentag mit einem Dankgebet ab-
schließen:

Denn bei dir ist die Quelle des Lebens,
in deinem Licht schauen wir das Licht.

(Nach Ps 36,10)

Literatur (Auswahl)

Manche meiner Impulse wurden bereits in meinem spirituellen Tagebuch aus der Wüste veröffentlicht: Lebensspuren im Sand, Verlag Herder GmbH, 4. Auflage 2018. Andere Gedanken finden sich in meinem Buch: *Vom Segen der Zerbrechlichkeit. Grundworte der Eucharistie,* Echter-Verlag Würzburg 2018.

Gisbert Greshake, Die Wüste bestehen. Erlebnis und geistliche Erfahrung (= Topos-plus-Taschenbücher, Bd. 528), Verlags-Anstalt Tyrolia Innsbruck 2004.

ders., Spiritualität der Wüste, Verlags-Anstalt Tyrolia Innsbruck 2002.

Anselm Grün, Der Himmel beginnt in dir. Das Wissen der Wüstenväter für heute, Verlag Herder GmbH, Freiburg 2012, 2. Aufl. 2016.

ders., Die Weisheit der Wüstenväter. Mit Bildern von Jürgen Hohmuth, Gütersloher Verlagshaus 2008.

Gerhard Huber / Oskar Stocker, Mystik der Wüste, Styria-Verlag Graz 1997.

Quellenverweise

S. 18, 81: aus: *Andreas Knapp,* Gedichte auf Leben und
Tod. © Echter Verlag Würzburg, 4. unveränderte
Auflage 2016

S. 22: aus: *Gisbert Greshake,* Spiritualität der Wüste
© Tyrolia Verlag 2002

S. 23: *Manfred Scheuer,* aus: Gisbert Greshake,
Spiritualität der Wüste © Tyrolia Verlag 2002

S. 23: aus: *Anselm Grün,* Die Weisheit der Wüstenväter
© 2008, Gütersloher Verlagshaus, Gütersloh,
in der Verlagsgruppe Random House GmbH

S. 24, 103, 130, 136: aus: *Andreas Knapp,* Heller als das
Licht. Biblische Gedichte © Echter Verlag
Würzburg, 4. Auflage 2018

S.29 frei nach: *Anselm Grün,* Der Himmel beginnt in
dir © Verlag Herder GmbH, Freiburg im Breisgau
1994/2008, zuletzt 2012

S. 30f, 109, 124: aus: *Andreas Knapp,* Brennender als
Feuer. Geistliche Gedichte © Echter Verlag Würzburg,
8. Auflage 2017

S. 40, 46, 52, 61, 97: aus: *Andreas Knapp,* Beim Anblick
eines Grashalms. Naturgedichte © Echter Verlag
Würzburg 2017

S. 67: aus: *Antoine de Saint-Exupéry,* »Bekenntnis einer
Freundschaft« © 2010 Karl Rauch Verlag, Düsseldorf

S. 68, 118: aus: *Andreas Knapp, Barbara Wolfers,* Aus-
blick ins Unendliche. Worte und Bilder zum Leben
© Echter Verlag Würzburg 2012

S. 75: aus: *Andreas Knapp,* Weiter als der Horizont. Gedichte über alles hinaus © Echter Verlag Würzburg,
8. unveränderte Auflage 2015, S. 42

S. 80, 108: aus: *Anselm Grün,* Der Himmel beginnt in
dir © Verlag Herder GmbH, Freiburg im Breisgau
1994/2008, zuletzt 2012

S. 90: aus: *Joseph Ratzinger,* Einführung in das Christen-
tum, hrsg. v. Gerhard Ludwig Müller (= Gesammelte
Schriften, Bd. 4) © Verlag Herder GmbH, Freiburg im
Breisgau 2014, S. 109

S. 97, 123: aus: *Antoine de Saint-Exupéry,* »Kleiner
Prinz« © 1950 und 2015 Karl Rauch Verlag, Düsseldorf

S. 108: *Antoine de Saint-Exupéry* © 1956 Gesammelte
Schriften Band 3, Karl Rauch Verlag Düsseldorf

S. 117, 128: aus: *Gisbert Greshake,* Die Wüste bestehen
© Tyrolia Verlag 2002

S. 129: © *Daniel Hell*

MIX
Papier aus verantwor-
tungsvollen Quellen
FSC® C083411

© Verlag Herder GmbH, Freiburg im Breisgau 2018
Alle Rechte vorbehalten
www.herder.de

Umschlaggestaltung: wunderlichundweigand, Stefan Weigand
Umschlagmotiv: © pixalot/iStock.com
Vignetten im Innenteil: © Danussa/shutterstock.com

Die Bibeltexte sind entnommen aus:

DIE BIBEL

*Die Bibel. Die Heilige Schrift
des Alten und Neuen Bundes.
Vollständige deutsche Ausgabe*

© Verlag Herder, Freiburg im Breisgau 2005

Satz: wunderlichundweigand, Stefan Weigand
Herstellung: CPI books GmbH, Leck

Printed in Germany

ISBN Print 978-3-451-37713-6
ISBN E-Book 978-3-451-81427-3